DSM-5®
SELECTIONS

DSM-5 불안장애

DSM-5® ANXIETY DISORDERS

APA 집필 / 강진령 역

AMERICAN PSYCHIATRIC ASSOCIATION

학지사

Anxiety Disorders, DSM-5® Selections, first edition
by American Psychiatric Association

역자 서문

미국정신의학회(American Psychiatric Association)는 2013년 DSM-5를 출간한 이래, 정신건강 전문가들의 정신장애 이해와 임상적 진료를 돕기 위해 관련 서적을 출간해 왔다. 그중에서도, 'DSM-5 Selections'는 DSM-5에 수록되어 있는 주요 정신장애를 선별하여 다른 포맷으로 구성 · 제작한 정신장애 시리즈다. 이 시리즈는 DSM-5의 제II편에 수록되어 있는 정신장애들 중 6개 진단군을 선별하여 총 6권으로 되어 있다. 각 권의 주제는 신경발달장애(1), 조현병 스펙트럼 및 기타 정신병적 장애(2), 우울장애(4), 불안장애(5), 급식 및 섭식 장애(10), 수면-각성 장애(12)[**주.** 소괄호 안의 숫자는 본문에 배열된 순서임]다.

'DSM-5 Selections'의 각 권은 특정 장애군에 대한 ① DSM-5 텍스트의 진단기준, ② DSM-5 가이드북, ③ DSM-5 임상사례집, ④ DSM-5 확인문제, ⑤ DSM-5 확인문제 정답 및 해설로 구성되어 있다. 먼저, DSM-5 가이드북은 DSM-5의 텍스트 내용을 보다 쉽게 설명해 놓았다. 독자들은 새로운 각도에서 DSM-5를 조망할 수 있을 것이다. 또한 평가문제 풀이를 통해 해당 정신장애에 관한 학습 정도를 확인해 볼 수 있을 것이다. 특히, 평가문제에 대한 정답 및 해설집은 보다 포괄적인 관점에서 독자들의 특정 장애에 대한 학습의 완성도를 극대화시킬 수 있을 것이다.

이 땅에 긍정심리학이 전해지면서 정신의학과 심리학이 인간의 어두운 단면만을 조명한다는 비판의 소리도 있었다. 그렇지만 현대 사회의 이면에는 여전히 명시적 · 암묵적으로 정신적인 문제로 고통을 겪는 사람들이 많은 것이 현실이다.

그러기에 오늘날처럼 정교하게 다듬어진 편람인 DSM-5가 요구되는 시대도 없을 것이다. '만남은 우연처럼 주어지는 선물'이라는 말이 있다. 역자뿐 아니라 독자들도 우연처럼 주어진 'DSM-5 Selections'와의 만남을 통해 정신장애에 대한 이해의 깊이를 더할 수 있기를 바란다.

끝으로, 'DSM-5 Selections' 번역을 위해 역자를 믿고 손을 내밀어 주신 김진환 사장께 깊이 감사드린다. 또한 인생의 중대사를 치르면서도, 깔끔하고 명쾌한 소통으로 멋진 역서가 나올 수 있도록 챙겨 준 편집부의 이상경 대리께 감사의 마음을 전한다. 바라건대, 이 책이 다양한 정신장애의 이해와 통찰로 통하는 왕도(王道)가 되었으면 한다. 이 책을 통해 정신건강 전문가들의 정신장애 이해와 진단 역량을 극대화하는 한편, 정신장애로 고통을 겪고 있는 사람들을 능숙하게 돕는 데 일조하기를 바라면서 이 글을 맺는다.

2017년 2월

역자

DSM-5® Selections 서문

DSM-5 Selections 방문을 환영한다. 이 시리즈의 목적은 DSM-5 장애 범주와 연관된 중요한 진단적 쟁점에 관하여 독자들을 교육하는 것이다. DSM-5 Selections 시리즈에서 먼저 출간된 서적으로는 ① 수면-각성장애, ② 우울장애, ③ 조현병 스펙트럼 및 기타 정신병적 장애, ④ 급식 및 섭식 장애, ⑤ 신경발달장애, 그리고 ⑥ 불안장애가 있다. 시리즈의 각 권에는 각각의 진단범주에 해당되는 장애의 진단기준이 제시되어 있다. 이 진단범주는 오늘날 임상적 실천을 위해 활용 가능한 가장 종합적이고 중요한 자원인 DSM-5에서 직접 발췌한 것들이다. 또한 이 시리즈의 각 서적에는 DSM-5 가이드북, DSM-5 임상사례집, 그리고 DSM-5 확인 문제집에서 발췌된 내용들이 수록되어 있다. 결과적으로, 이 시리즈의 각 권에서는 독자들에게 DSM-5 장애의 각 범주에 대해 독특하게 소개하고 있고 DSM-5 장애들에 관한 각자의 지식을 확인해 볼 수 있는 기회를 제공하고 있다.

DSM-5 가이드북 Guidebook은 임상가와 연구자들에게는 DSM-5 장애에 대한 로드맵 역할을 한다. 이 부분은 DSM-5의 내용을 명확하고 이해하기 쉽게 제시함으로써 정신건강 전문가들에게 개정된 진단기준의 사용방법을 알려 주는 한편, 임상적 활용을 위한 실질적인 내용을 제공하고 있다. 이 책은 DSM-IV-TR과 비교할 때, 진단범주의 임상적 적용에 매우 심각하게 영향을 줄 수 있는 DSM-5에서 개정된 내용에 초점을 맞춤으로써 DSM 진단범주에 대한 신선한 조망을 제공하고 있다.

DSM-5 임상사례집 Clinical Cases에는 특정 범주에 속하는 장애 진단기준의 전형적인 예가 될 수 있는 다양한 환자에 대한 사례들이 제시되어 있다. **DSM-5 임상 사례집**은 교사, 학생, 그리고 임상가들을 위해 DSM-5를 살아 움직이게 하고 있다. 이 책은 증상, 심각도, 동반이환, 발병 연령을 포함한 진단 개념, 여러 장애에 포괄적으로 적용되는 범주, 그리고 성별과 문화적 차이에 따른 시사점에 대해 독자들의 이해를 돕는다.

DSM-5 확인문제의 문항들은 DSM-5에서 변화된 개념, 진단에 대한 특정 변화, 그리고 진단기준에 대한 독자들의 지식을 확인해 보기 위해 집필되었다. 각 문항에는 정답의 근거에 대한 설명과 진단분류, 진단범주 세트, 진단명, 부호, 심각도, 문화, 연령, 그리고 성별에 관한 중요한 정보가 담겨 있는 짤막한 해설이 포함되어 있다. 문항들은 다양한 시험 준비에 도움이 될 것이다.

DSM-5 Selections 시리즈는 DSM-5 또는 내용의 일부를 발췌한 다른 서적들을 대체하기 위해 출간된 것이 아니다. 다만, 이 시리즈는 독자들에게 특정 장애의 범주와 직접적으로 관련 있는 핵심 자료들을 선사하기 위한 것이다. 만일 특정 장애나 장애 범주에 관해 더 많은 정보가 필요하다면, APP 교재나 임상 편람을 참조해 볼 것을 권한다. APP 출판물 전체 목록은 www. appi.org에서 확인할 수 있다.

Robert E. Hales, M.D.

편집장

차 례

머리말

불안장애는 임상 실무에 있어서 자주 대하게 되는 중요하면서도 흔히 발생하는 정신의학적 장애다. 일차 진료에 관한 대부분의 연구에 의하면, 불안장애(환자의 10~15%)는 우울장애(환자의 7~10%)보다 더 흔하다. 불안장애는 1.4:1에서 1.8:1 사이의 비율로 남성보다 여성에게서 더 자주 발생한다. 불안장애의 발병 연령의 중앙값은 보통 10~20대 사이이다.

평생 유병률로 볼 때, 가장 흔한 불안장애는 특정공포증(15.6%)이고, 다음으로는 사회불안장애(사회공포증, 10.7%), 분리불안장애(6.7%), 범불안장애(4.3%), 공황장애(3.8%), 광장공포증(2.5%) 순이다. 불안장애가 다른 상태와 연관되는 경우에는 흔히 좋지 않은 결과로 이어진다.

일반 정신과 외래환자 치료에 있어서, 불안장애는 새로운 의뢰의 40%를 차지한다. 정신장애 중에서도 불안장애는 연령을 불문하고 가장 만연되어 있는 장애다. 이 장애는 또한 장애로 인한 상당한 사회비용과 근로 생산성 손실과 연관이 있다. 최근 연구에 의하면, 불안장애는 자살행동의 위험 증가와 연관이 있다. 결과적으로, 불안장애가 있는 환자를 평가하는 경우, 항상 자살 가능성 평가가 수반되어야 한다.

출처: Stein MB, Sareen J: "Anxiety disorder," in *The American Psychiatric Publishing Textbook of Psychiatry*, 6th Edition. Edited by Hales RE, Yudofsky SC, Roberts LW. Washington, DC, American Psychiatric Publishing, 2014, pp. 391–429.

신체건강 질환은 불안 동반 장애가 있는 환자들 사이에 흔하다. 가장 일반적인 의학적 상태는 심혈관계 질환, 호흡기질환, 관절염arthritis, 편두통migraine headache이다. 더욱이, 심각한 신체질환의 발병은 불안장애의 발병을 촉발시킬 수 있다.

DSM-5의 불안장애 진단기준에 있어서 변화된 내용은 아래에 정리되어 있다. 그렇다고 DSM-5에서 변화된 내용을 모두 제시해 놓은 것은 아니다. 본문에 있어서의 사소한 변화 또는 명확성을 높이기 위해 문구를 수정한 것은 제시되어 있지 않다. DSM-5의 제I편에는 DSM-5의 장chapter 구조, 다축체계, 그리고 차원적 평가 소개에 관한 변화에 대해 상세히 기술되어 있다.

DSM-IV-TR에서 DSM-5로의 주요 변화 사항

DSM-5의 불안장애에 관한 장에는 더 이상 강박장애(강박 및 관련 장애에 포함됨) 또는 외상후 스트레스장애와 급성 스트레스장애(외상 및 스트레스 관련 장애에 포함됨)가 포함되어 있지 않다. 그러나 DSM-5의 이 장에 속한 장애들을 순차적으로 배열한 것은 장애들 사이의 관계의 밀접성을 반영한 것이다.

광장공포증, 특정공포증, 사회불안장애(사회공포증)

광장공포증agoraphobia, 특정공포증specific phobia, 사회불안장애(사회공포증)social anxiety disorder(social phobia)의 진단범주에 있어서의 변화는 18세 이상의 사람은 자신의 불안이 과도하거나 비합리적이라는 점을 인식해야 한다는 필수요건이 삭제된 것이다. 이러한 변화는 이 장애가 있는 사람들이 흔히 공포스러운 상황에서의 위험을 과대평가하고, 나이 든 사람들은 공포심을 유발하는 두려움을 노화의 탓으로 돌리는 경향이 있다는 증거에 기초한 것이다. 대신, 문화적 맥락 인자들을 고려하더라도, 불안은 특정 상황에서의 실제 위험 또는 위협에 비해 과도한 정도여야 한다. 더욱이, DSM-IV에서는 18세 미만의 사람들에게 한정되었던 6개월 기간의 기준을 이젠 모든 연령으로 확대되었다. 이러한 변화는 일과성 공포에 대한 과잉진단을 최소화하기 위한 조치다.

공황발작

공황발작panic attacks의 필수적인 특징은 변화된 것 없이 그대로 남아 있다. 그렇지만 공황발작의 다른 유형들(예, 상황에 따른/단서가 되는, 상황적으로 성향이 있는, 그리고 예기치 못한/단서가 없는)을 기술하기 위한 복잡한 DSM-IV 용어들이 '예기치 못한unexpected'과 '예상되는expected' 공황발작이라는 용어로 대체되었다.

공황발작은 불안장애에 국한되지 않는 일련의 장애에 대한 진단, 경과, 동반이환 심각도의 표지자marker와 예후 요인으로 기능한다. 이런 이유로 공황발작은 모든 DSM-5 장애에 적용 가능한 명시자로 기재될 수 있다.

공황장애 · 광장공포증

공황장애panic disorder와 광장공포증agoraphobia은 DSM-5와 연결되어 있지 않다. 따라서 종전의 DSM-IV의 광장공포증이 있는 공황장애, 광장공포증이 없는 공황장애, 그리고 공황장애 과거력이 없는 광장공포증 진단들은 이젠 2가지 진단, 즉 각기 분리된 진단범주에 속해 있는 공황장애와 광장공포증으로 대체되었다. 공황장애와 광장공포증이 동시에 발생한다면, 이젠 2가지 진단으로 부호화된다. 이러한 변화는 광장공포증이 있는 상당수의 사람들이 공황 증상을 겪지 않는다는 사실을 인정한 것이다. 광장공포증 진단기준은 광장공포증에 대한 DSM-IV의 제시어에서 파생된 것이다. 그렇지만 현재는 2가지 또는 그 이상의 광장공포증 상황들로부터의 공포증상 확인이 필수로 요구된다. 그 이유는 그것이 광장공포증과 특정공포증을 구분할 수 있는 강력한 수단이기 때문이다. 또한 광장공포증의 진단범주는 확대되어 다른 불안장애(예, 6개월 이상의 전형적인 기간과 함께, 특정 상황에 있어서 실질적인 위험에 대한 과도한 공포라는 임상가의 판단)에 대한 진단범주 세트와 일치하고 있다.

특정공포증

특정공포증specific phobia의 핵심적인 특징들은 그대로 남아 있지만, 더 이상 18세 이상의 사람들은 자신들의 공포와 불안이 과도하거나 비합리적이라는 사실을 인식해야 한다는 필수요건이 없어졌고, 기간에 대한 필수요건(전형적으로 6개월 이상 지속됨)은 이젠 모든 연령에 적용된다. 현재 특정공포증의 다른 유형들은 명시자로 나타내지만, 본질적으로는 변화 없이 그대로 남아 있다.

사회불안장애(사회공포증)

사회불안장애(사회공포증)social anxiety disorder(social phobia), 종전에는 사회공포증social phobia으로 불렸음)의 필수적인 특징들은 동일하게 남아 있다. 그러나 18세 이상의 사람들은 자신들의 공포와 불안이 과도하거나 비합리적이라는 사실을 인식하고 있어야 한다는 필수요건을 삭제한 것을 비롯해서 많은 변화가 있었고, "전형적으로 6개월 이상 지속되어야 한다."는 기간에 대한 진단기준은 이젠 모든 연령에 대한 필수요건이 되었다. 보다 큰 변화라면, '전반적인generalized' 명시자가 삭제되었고, '수행형 단독performance only' 명시자로 대체된 것이다. DSM-IV의 '전반적인' 명시자는 문제가 있었다. 왜냐하면 "사회적 상황들 대부분에 있어서의 공포심을 느껴야 한다."는 기준을 적용하기 힘들기 때문이었다. 단지 수행 상황(예, 청중 앞에서의 연설 또는 수행)에 대해 공포를 느끼는 사람들은 병인학, 발병 연령, 생리적 반응, 그리고 치료 반응의 측면에서 사회불안장애의 뚜렷한 하위 증상들을 나타내는 것으로 보인다.

분리불안장애

DSM-IV에서 분리불안장애separation anxiety disorder는 "유아기, 아동기, 또는 청소년기에 보통 처음 진단되는 장애" 장에 속했지만, 현재는 불안장애로 분류된다. 핵심적인 특징들은 대부분 변화되지 않은 채로 남아 있다. 그렇지만 진단범주의 진술방식은 성인기 분리불안 증상의 발현을 적절히 나타낼 수 있도록 수정되었다. 예를 들어, 애착 인물로는 분리불안장애가 있는 성인의 자녀들이 포함되었고, 회피 행동은 학교에서와 마찬가지로 직장에서도 발생할 수 있다고 수정되었다. 또한 DSM-IV와는 달리, DSM-5의 진단기준에는 18세 이전에 발병되어야 한다고 명시되어 있지 않다. 이는 상당수의 성인이 18세 이후에 분리불안이 발병되었다고 보고하고 있기 때문이다. 또한 일과성 공포에 대한 과잉진단을 최소화하기 위해 기간에 대한 진단기준— "전형적으로 6개월 이상 지속됨"—이 추가되었다.

선택적 함구증

DSM-IV에서 선택적 함구증selective mutism은 "유아기, 아동기, 또는 청소년기에 보통 처음 진단되는 장애" 장에 속했다. 이 장애는 현재 불안장애로 분류되는데, 그 이유는 선택적 함구증이 있는 아동의 대부분이 불안해한다는 점 때문이다. DSM-IV와 비교할 때, 진단기준은 대체로 변화된 점은 없다.

DSM-5® 불안장애: ICD-9-CM 및 ICD-10-CM 부호

장애	ICD-9-CM	ICD-10-CM
분리불안장애	309.21	F93.0
선택적 함구증	313.23	F94.0
특정공포증		
동물형	300.29	F40.218
자연환경형	300.29	F40.228
혈액-주사-부상형	300.29	F40.23x
혈액 공포		F40.230
주사 및 수혈 공포		F40.231
기타 진료 공포		F40.232
부상 공포		F40.233
상황형	300.29	F40.248
기타형	300.29	F40.298
사회불안장애(사회공포증)	300.23	F40.10
공황장애	300.01	F41.0
광장공포증	300.22	F40.00
범불안장애	300.02	F41.1
물질/약물치료로 유발된 불안장애	아래 표 참조	
다른 의학적 상태로 인한 불안장애	293.84	F06.4
기타 명시된 불안장애	300.09	F41.8
명시되지 않는 불안장애	300.00	F41.9

물질/약물치료로 유발된 불안장애

		ICD-10-CM		
	ICD-9CM	사용장애 경도	사용장애 중등도 또는 고도	사용장애 없음
알코올	291.89	F10.180	F10.280	F10.980
카페인	292.89	F15.180	F15.280	F15.980
대마	292.89	F12.180	F12.280	F12.980
펜시클리딘	292.89	F16.180	F16.280	F16.980
기타 환각제	292.89	F16.180	F16.280	F16.980
흡입제	292.89	F18.180	F18.280	F18.980
아편계	292.89	F11.188	F11.288	F11.988
안정제, 수면제, 또는 항불안제	292.89	F13.180	F13.280	F13.980
암페타민(또는 기타 자극제)	292.89	F15.280	F15.280	F15.980
코카인	292.89	F14.180	F14.280	F14.980
기타(또는 미상의) 물질	292.89	F19.180	F19.280	F19.980

01

불안장애

정신질환의 진단 및 통계 편람, 제5판

불안장애anxiety disorders 범주에는 극도의 공포, 불안 및 관련된 행동 장해의 특징을 지닌 질환들이 포함된다. 공포증phobia이란 실제로 있거나 혹은 지각된 즉각적인 위협에 대한 감정적 반응이지만, 불안이란 미래의 위협에 대한 예측에서 발생하는 현상이다. 분명히 두 상태는 중복되는 부분이 있지만, 공포가 싸움-도피fight-flight 행동을 위해 필요한 자율신경계의 각성, 즉각적인 위험에 대한 생각, 도피행동과 관련이 더 깊은 반면, 불안은 미래의 위험에 대한 준비 및 조심 혹은 회피행동과 관련된 과잉각성 및 근육의 긴장과 관련이 더 깊다는 점에서 다르다. 때때로 공포나 불안의 수준은 전반적인 회피행동을 통해 감소한다. 공황발작은 공포반응의 특유한 형태로서 불안장애 중에서도 두드러진 특징이 있다. 공황발작은 불안장애에만 한정되는 것이 아니라 다른 정신질환에서도 나타날 수 있다.

불안장애에 포함되는 질환들은 공포, 불안 혹은 회피행동을 일으키는 대상이나 상황, 그리고 이와 관련된 인지적 관념에 따라 서로 구분된다. 그러므로 불안장애에 속하는 장애들은 동반이환되는 경향이 높음에도 불구하고, 환자들이 두려워하거나 회피하는 상황 또는 이와 관련된 생각이나 신념의 내용에 대해 자세히 관찰함으로써 서로 구별할 수 있다.

불안장애는 불안의 정도가 과도하거나 발달상의 적정한 시기를 넘어서 지속된다는 점에서 발달과정 중에 경험하는 정상적인 공포나 불안과는 다르다. 또한 오랜 기간 지속된다는 점에서(예, 대부분 6개월 이상) 흔히 스트레스에 의해 유발되는 일시적인 공포나 불안과도 다르다. 물론 여기서 기간의 기준은 어느 정도 융통성 있게 볼 수 있으며, 아동의 경우에는 (분리불안장애나 선택적 함구증 같은 경우) 좀 더 짧은 기간이 기준이 되기도 한다. 불안장애 환자들은 그들이 두려워하거나 회피하는 상황에 대한 위험을 과대평가하는 경향이 있기 때문에, 그 공포나 불안이 과도한지 여부에 대한 일차적 판단은 문화적 · 상황적 요인을 고려하여 임상가가 내리게 된다. 많은 불안장애는 어린 시절부터 발생하며, 치료하지 않는 경우 지속적으로 유지된다. 대부분의 경우, 남성에 비해 여성에서 더 자주 발생한다(약 2:1의 비율). 각각의 불안장애는 그 증상이 생리적 반응이나 물질/약물 혹은 다른 의학적 상태로 인한 것이 아닐 때, 그리고 다른 정신질환으로 더 잘 설명되지 않을 때에만 진단될 수 있다.

이 장은 전형적인 발병 연령에 따른 순서대로 각 질환을 배열하였다. 분리불안장애가 있는 사람은 애착 대상으로부터의 분리를 정상적인 발달과정과 비교하여 부적절한 정도로 두려워하거나 걱정한다. 혹시 애착 대상에게 해로운 일이 생길까 봐, 또는 애착 대상으로부터 분리되거나 그것을 상실하게 될까 봐 지속적으로 두려워하거나 불안해하여 애착 대상에서 멀어지는 것을 거부할 뿐만 아니라 이러한 고민과 관련되는 악몽을 꾸거나 신체적 증상을 동반한다.

선택적 함구증selective mutism은 다른 상황에서는 말을 할 수 있지만, 예컨대 학교처럼 말을 해야만 하는 사회적 상황에서는 지속적으로 말을 하지 못하는 것이 특징인 질환이다. 이것이 학업적 또는 직업적 영역에서의 성취에 중대한 영향을 미치거나 정상적인 사회적 소통을 방해한다.

특정공포증이 있는 사람들은 주위의 대상이나 상황을 회피하거나 두려워하거나 불안하게 여긴다. 이 질환에서는 다른 불안장애에서와 달리 특정한 인지적 왜곡은 보이지 않는다. 공포, 불안, 회피는 대부분 위험 상황에서 즉각적으로 발생하며, 그 정도는 실제 처해진 위험에 비해 지나치고 지속적이다. 여러 종류의 특정공포증이 있는데, 동물형, 자연환경형, 혈액-주사-부상형, 상황형 등이 그 예다.

사회불안장애(사회공포증)가 있는 사람들은 자신이 주목받고 평가받는 사회적 관계나 상황을 회피하거나, 두려워하거나, 불안하게 여긴다. 친밀하지 않은 사람들과의 모임이나 다른 사람들이 보는 앞에서 먹거나 마셔야 하는 상황, 다른 사람들 앞에서 무슨 일인가를 수행해야 하는 상황들이 여기에 포함된다. 이들은 다른 사람들에게 나쁘게 평가되거나, 당황하거나, 모욕 또는 거부당하거나, 혹은 자신이 다른 이들을 공격할지도 모른다는 생각을 갖고 있다.

공황장애가 있는 사람들은 예기치 못한 공황발작을 반복적으로 경험하고, 공황발작을 겪는 것에 대해 지속적으로 미리 걱정하거나, 공황발작 때문에 부적응적인 행동을 보이게 된다(예, 운동을 하거나 친숙하지 않은 곳에 가는 것을 회피한다). 공황발작에서는 극심한 공포나 고통이 갑작스럽게 발생하여 수분 이내에 그 정도가 정점에 이르며 신체적 · 인지적 증상도 동반한다. 한편, 준공황발작limited-symptom panic attacks은 13개의 공황 증상 기준 중 4가지 미만의 증상만을 보이는 경우를 말한다. 공황발작은 전형적으로 공포심을 유발하는 대상이나 상황에서 발생하리라고 미리 예측되는 경우도 있고, 뚜렷한 이유 없이 발생하는 것처럼 예측 불가능한 경우도 있다. 공황발작의 양상은 다른 불안장애를 포함한 다른 정신과적 질환, 예컨대 물질사용장애나 우울장애, 정신병적 장애 등에서 진단, 병의 경과, 동반이환에 대한 예측 요인으로 작용한다. 따라서 공황발작은 다른 정신질환이나 불안장애에서도 명시자로 기술될 수 있다.

광장공포증이 있는 사람들은 다음에 열거한 상황들 중 2가지 이상의 경우에 대해 두려워하거나 불안하게 여긴다. 대중교통을 이용하는 것, 열린 공간에 있는 것, 밀폐된 공간에 있는 것, 줄을 서거나 군중 속에 있는 것, 다른 상황에서 집 밖에 혼자 있는 것. 이들은 이러한 상황에서 공황 증상 또는 다른 부적절하거나 당혹스러운 증상이 나타나면 벗어나기 힘들거나 도움을 받기 어려울 것이라는 생각 때문에 두려워한다. 이러한 상황은 거의 대부분 공포나 불안을 유발해서 이들로 하여금 상황을 회피하거나 동반자를 필요로 하게 만든다.

범불안장애를 앓고 있는 경우, 직장이나 학교에서의 업무 등 다양한 영역에서 조절하기 힘들고 지속적이며 지나친 불안과 걱정이 있다. 게다가, 안절부절못하거나 낭떠러지 끝에 서 있는 느낌, 쉽게 피곤해짐, 집중이 힘들거나 머릿속이 하얗게 되는 것, 과민성, 근육의 긴장, 수면교란과 같은 신체적인 증상들을 경험하게 된다.

물질/약물치료로 유발된 불안장애는 물질중독이나 금단 혹은 치료약물로 인해 발생하는 불안 증상을 포함한다. 다른 의학적 상태로 인한 불안장애에서 불안 증상은 다른 의학적 상태의 생리적인 결과다.

질병 특이적인 심리평가 도구들을 통해 각각의 불안장애 심각도를 평가할 수 있을 뿐만 아니라 시간에 따른 심각도의 변화를 알 수 있다. 특히 하나 이상의 불안장애가 있는 사람들에게는 이런 측정도구들이 각각의 질환에 합당한 행동 증상, 인지 관념 증상, 그리고 신체증상을 측정함으로써(비록 같은 형태를 사용하더라도 관심의 초점을 서로 다르게 함으로써) 좀 더 쉽게 사용될 수 있다.

분리불안장애
Separation Anxiety Disorder

진단기준 **309.21 (F93.0)**

A. 애착 대상과의 분리에 대한 공포나 불안이 발달 수준에 비추어 볼 때 부적절하고 지나친 정도로 발생한다. 다음 중 3가지 이상이 나타나야 한다.

1. 집 또는 주 애착 대상과 떨어져야 할 때 과도한 고통을 반복적으로 겪음
2. 주 애착 대상을 잃거나 질병이나 부상, 재앙 혹은 죽음 같은 해로운 일들이 그에게 일어날 것이라고 지속적으로 과도하게 걱정함
3. 곤란한 일(예, 길을 잃거나, 납치당하거나, 사고를 당하거나, 아프게 되는 것)이 발생하여 주 애착 대상과 떨어지게 될 것이라고 지속적으로 과도하게 걱정함
4. 분리에 대한 두려움 때문에 집을 떠나 학교, 직장 혹은 다른 장소로 외출하는 것을 지속적으로 거부하거나 거절함
5. 집이나 다른 장소에서 주 애착 대상 없이 있거나 혼자 있는 것에 대해 지속적으로 과도하게 두려워하거나 거부함
6. 집에서 떠나 잠을 자는 것이나 주 애착 대상 곁이 아닌 곳에서 자는 것을 지속적으로 과도하게 거부하거나 거절함
7. 분리 주제와 연관된 반복적인 악몽을 꿈
8. 주 애착 대상과 떨어져야 할 때, 신체 증상을 반복적으로 호소함(예, 두통, 복통, 오심, 구토)

B. 공포, 불안, 또는 회피 반응이 아동 · 청소년의 경우 최소한 4주 이상, 성인의 경우에는 전형적으로 6개월 이상 지속되어야 한다.
C. 장해[disturbance]가 사회적, 직업적, 또는 다른 중요한 기능 영역에서 임상적으로 현저한 고통이나 손상을 초래한다.
D. 장해가 다른 정신질환으로 더 잘 설명되지 않는다. 예를 들어, 자폐증에서 변화에 대한 저항으로 인해 집 밖에 나가는 것을 회피하는 것, 정신병적 장애에서 분리에 대한 망상이나 환각이 있는 경우, 광장공포증으로 인해 믿을 만한 동반자 없이는 밖에 나가기를 거부하는 경우, 범불안장애에서 건강문제나 다른 해로운 일이 중요한 대상에게 생길까 봐 걱정하는 것, 질병불안장애에서 질병이 발생할까 봐 걱정하는 것

진단적 특징

분리불안장애의 주요 특징은 집이나 애착 대상과의 분리에 대한 과도한 두려움과 불안이다. 이러한 불안은 발달 수준을 고려할 때 기대되는 정도보다 지나치다(진단기준 A). 분리불안장애 환자들은 다음 기준 중 적어도 3가지 이상에 부합된다. 집 또는 주 애착 대상과 떨어져야 할 때 심한 고통을 반복적으로 겪는다(진단기준 A1). 애착 대상의 안녕과 죽음에 대해 걱정하며, 이러한 걱정은 특히 그들과 분리되어 있을 때 심하여 애착 대상이 어디에 있는지 알 필요가 있으며, 항상 연락이 닿기를 바란다(진단기준 A2). 길을 잃거나, 납치당하거나, 사고를 당하는 등의 곤란한 사건들이 그들에게 일어나서 주 애착 대상을 다시는 만나지 못할까 봐 걱정한다(진단기준 A3). 분리에 대한 공포 때문에 밖에 나가기를 거부하거나 싫어한다(진단기준 A4). 집이나 다른 장소에서 주 애착 대상 없이 있거나 혼자 있는 것에 대해 지속적으로 과도하게 두려워하거나 싫어한다. 분리불안장애가 있는 아동은 방에 혼자 가거나 혼자 있는 것이 불가능하고 매달리는 행동이나 집 주변에서 부모를 그림자처럼 따라다니는 행동, 혹은 집 안에서 다른 방에 갈 때 누군가가 곁에 있기를 원하는 모습을 보인다(진단기준 A5). 그들은 주 애착 대상과 떨어져서 자러 가거나 집 밖에서 자는 것에 대해 지속적으로 싫어하거나 거부한다(진단기준 A6). 분리불안장애 아동은 잠자리에 드는 시간을 힘들어하며, 잠들 때까지 누군가 곁에 있어 주기를 요구한다. 밤에는 부모(혹은 형제와 같은 다른 중요한 인물)에게 가기 위한 방법

을 찾는다. 아이들은 캠프에 참가하거나 친구 집에서 자거나 심부름 다녀오는 것을 싫어하거나 거부한다. 성인들은 독립적으로 여행하는 것(예, 호텔에서 자는 것)을 불편해한다. 그들은 분리불안을 포함하는 내용의 악몽을 반복적으로 꾼다(예, 화재, 살인 혹은 다른 재앙으로 인한 가족의 붕괴)(진단기준 A7). 신체적 증상들(두통 복통, 오심, 구토)은 분리가 일어나거나 예상될 때 아동에서 흔히 나타나는 증상이다(진단기준 A8). 두근거림, 어지럼증, 쓰러질 것 같은 느낌의 심혈관계 증상은 어린 아동에서는 드물지만 청소년과 성인에서는 흔히 발생한다.

이러한 장애는 아동 · 청소년에서는 최소한 4주 이상, 성인에서는 전형적으로 6개월 이상 지속되어야 한다(진단기준 B). 그러나 성인에 적용되는 기간은 어느 정도의 유연성을 가지고 판단해야 한다. 이러한 증상들은 사회적, 학업적, 직업적, 또는 다른 중요한 기능 영역에서 임상적으로 현저한 고통이나 손상을 초래한다(진단기준 C).

진단을 뒷받침하는 부수적 특징

주 애착 대상과 분리되었을 때, 분리불안장애 아동의 경우 사회적 위축, 무감동, 슬픔, 혹은 일이나 놀이에 집중하기 어려운 증상을 보인다. 연령에 따라서 동물이나 괴물, 어둠, 강도, 도둑, 납치범, 교통사고, 비행기 사고 등과 같이 자신이나 가족에게 위험을 줄 것이라고 생각되는 상황에 대해 두려워한다. 일부 사람들은 집을 떠나 있을 때 향수병에 걸리거나 비참할 정도로 고통을 느낀다. 분리불안장애는 아동에서 등교거부를 일으킬 수 있으며, 이는 학업적 어려움과 사회적 고립을 유발한다. 극단적인 경우, 아동은 분리 상황을 만드는 대상에게 화를 내거나 때때로 공격성을 표출할 수도 있다. 혼자 있을 때, 특히 저녁이나 밤에 어린아이들은 평소와 다른 지각 경험을 보고할 수도 있다(예, 방을 엿보는 사람을 봄, 공포스러운 생명체가 다가옴, 그들을 보고 있는 눈을 느낌). 분리불안장애 아동은 끝없이 요구하거나 강요하거나 지속적인 관심을 필요로 하는 것처럼 비춰질 수 있다. 분리불안장애 성인은 의존적이거나 과잉방어적으로 보일 수 있다. 극심한 요구는 다른 가족들로

하여금 좌절감이 들게 하거나 가족 내 불화를 초래할 수 있다.

유병률

미국에서 성인 분리불안장애의 12개월 유병률은 0.9~1.9%다. 아동의 경우, 6개월에서 12개월 유병률은 4% 정도로 측정된다. 미국 청소년들의 12개월 유병률은 1.6%다. 분리불안장애는 아동에서 청소년을 거쳐 성인이 되면서 유병률이 감소된다. 분리불안장애는 12세 미만 아동에서 가장 흔한 불안장애다. 아동에서 질병의 유병률에 있어 남녀의 차이는 없다. 하지만 지역사회에서는 여성에서 더 높게 나타난다.

발달과 경과

애착 대상으로부터 분리불안이 증가되는 시기는 정상적인 초기 발달과정의 한 부분이며, 안전한 애착관계의 발달을 의미한다(예, 생후 12개월 전후에 아이가 낯선 사람에 대한 불안으로 힘들어할 때). 분리불안장애는 학령전기를 포함한 아동기에 발생할 수 있고, 청소년기의 발병은 드문 편이다. 전형적으로 악화와 완화 시기가 있다. 일어날 수 있는 분리에 대한 불안과 집과 중요한 가족을 떠나야 하는 상황에 대한 회피(예, 대학을 가거나, 애착 대상으로부터 이사 가는 것)가 성인기 내내 지속될 수도 있다. 하지만 분리불안장애가 있는 대부분의 아이는 이 때문에 평생 동안 생활에 지장을 받지는 않는다. 분리불안장애가 있는 많은 수의 성인은 분리불안장애 증상은 기억하지만, 언제부터 발병했는지는 잘 기억하지 못한다.

분리불안장애가 발현되는 모습은 연령에 따라 다양하다. 어린 아동의 경우에는 학교 가기 싫어하거나 등교거부로 나타난다. 이 아이들은 부모님과 가족 혹은 그들 자신에 대한 확실한 위협을 무서워하거나 걱정하기를 드러내지 않을 수도 있다. 불안은 분리 상황이 경험될 때만 나타난다. 아동기에 걱정이 나타나기 시작하는데, 이들은 대부분 특정한 위협(예, 사고, 납치, 강도, 죽음)에 대한 걱정 또는 애착 대상과 다시 만나지 못할 것이라는 막연한 걱정이다. 분리불안장애가 있는 성인들은 환경의 변화(예, 이사 또는 결혼)를 견디지 못할 수 있다. 성인들은 전형적으로 자녀나 배우자에 대해 지나치게 걱정하고, 그들과 분리될 때 극심한 고통을 겪는다. 또한 일이나 사회 경험을 중단하기도 하는데, 이는 그들이 중요한 대상들이 어디 있는지 지속적으로 확인할 필요가 있기 때문이다.

위험 및 예후 요인

환경적. 분리불안장애는 특히 상실(예, 친척 또는 애완동물의 죽음, 본인이나 친척의 질병, 전학, 부모의 이혼, 다른 환경으로의 이사, 이민, 애착 대상으로부터 분리를 경험하게 한 재앙)과 같은 스트레스 상황 이후에 흔히 발생한다. 초기 성인에서 다른 종류의 스트레스 상황으로는 부모의 집을 떠나거나, 연애를 하게 되거나, 부모가 되는 것을 예로 들 수 있겠다. 부모의 과잉보호와 과도한 참견은 분리불안장애와 연관될 수 있겠다.

유전적 · 생리적. 아동기 분리불안장애는 유전적일 수 있다. 지역사회에서 6세 쌍생아의 유전성은 73%로 측정되었다. 여자아이들의 경우에는 유전성이 더 높게 측정되었다. 분리불안장애가 있는 아동은 CO_2 과다 공기에 대한 자극에 더 예민하게 반응하는 것으로 나타났다.

문화와 관련된 진단적 쟁점

어느 정도까지를 바람직하고 정상적인 분리로 볼 수 있느냐는 문화에 따라 다르다. 그래서 어떤 문화에서는 부모와 자녀 간의 분리에 대한 요구나 기회를 회피하기도 한다. 예를 들어, 자녀가 부모의 집을 떠나는 것이 기대되는 연령은 문화와 국가에 따라 매우 다르다. 가족구성원 간의 강한 유대감을 높이 평가하는 문화와 분리불안장애는 구별되어야 한다.

성별과 관련된 진단적 쟁점

여자아이들의 경우, 남자아이들에 비해 학교에 가는 것을 더 싫어하거나 회피한다. 분리에 대한 공포를 간접적인 방식으로 표현하는 것은 여성보다 남성에서 흔하다. 예를 들어, 독립적인 활동을 잘 안 하려 하거나, 집을 혼자 떠나려 하지 않거나 부모와 자녀가 독립적으로 무엇인가를 하려고 하지 않거나, 아니면 서로 연락이 닿지 않는 것을 꺼린다.

자살 위험

아동에서 분리불안장애는 자살 위험의 증가와 연관이 있다. 지역사회에서 기분장애, 불안장애 혹은 물질사용은 자살사고나 자살시도와 연관되어 있다. 하지만 이러한 연관성은 특별히 분리불안장애에만 국한되지는 않으며, 다른 불안장애들에서도 발견된다.

분리불안장애의 기능적 결과

분리불안장애가 있는 사람들은 종종 집이나 애착 대상을 떠난 활동이 제한적이다 (예, 아동의 경우, 학교 가기를 회피하거나, 캠프를 가지 않거나, 혼자 자는 것을 어려워함. 청소년의 경우, 대학진학 기피. 성인의 경우, 부모의 집을 떠나지 않거나, 여행을 가지 않거나, 집 밖에서 일하지 않음).

감별진단

범불안장애. 분리불안장애는 불안이 애착 대상과의 분리에 의해 주로 발생한다는 점에서 범불안장애와 다르다. 만약 다른 걱정이 있더라도 그것은 임상 양상에서 중요한 정도는 아니어야 한다.

공황장애. 분리에 대한 위협은 극심한 불안이나 심하면 공황발작을 야기한다. 분리불안장애에서는 공황장애에서와 달리 예기치 못한 공황발작에 사로잡히는 것이 아니라, 애착 대상과의 분리에 대해 불안해하고, 그들에게 괴로운 사건이 발생할까 봐 걱정한다.

광장공포증. 광장공포증 환자와 달리 분리불안장애 환자들은 공황 증상이나 다른 당황스러운 증상이 나타났을 때, 이를 피할 수 없는 상황에 사로잡힐까 봐 불안해하지는 않는다.

품행장애. 학교를 빠지는 것(무단결석)은 품행장애에서 흔히 나타나지만, 분리에 대한 불안이 학교를 빠지는 이유는 아니다. 품행장애 아동과 청소년은 대부분 집에 돌아오는 것이 아니라 집을 떠나 있다.

사회불안장애. 등교거부는 사회불안장애(사회공포증)에서 나타날 수 있다. 이런 경우, 등교거부는 다른 사람에게 부정적으로 평가받는 것에 대한 공포 때문이지 애착 대상의 분리에 대한 걱정 때문이 아니다.

외상후 스트레스장애. 외상성 사건 뒤에 사랑하는 사람들과 떨어지는 것을 두려워하는 일은 흔하다. 특히, 외상성 사건을 경험하는 동안 사랑하는 사람들과 떨어져 있었어야 할 경우 더욱 그렇다. 외상후 스트레스장애에서 핵심 증상은 외상 사건 자체와 관련된 기억들이 자꾸 떠오르고 이를 회피하려는 것이다. 반면, 분리불안장애에서는 걱정과 회피가 주로 애착 대상의 안녕과 그들로부터의 분리에 관한 것이어야 한다.

질병불안장애. 질병불안장애 환자들은 그들이 가지고 있을 수 있는 특정 질병에 대해 걱정한다. 이들은 그들의 의학적 진단 자체에 대해 걱정할 뿐, 애착 대상과의 분리에 대해서는 걱정하지 않는다.

애도. 죽은 대상에 대한 극심한 열망과 갈망, 극심한 슬픔과 감정적 고통, 그리고 고인 또는 죽음의 상황이나 환경에 사로잡히는 것은 애도 반응에서 나타날 수 있다. 하지만 분리불안장애에서는 다른 애착 대상의 상실에 대한 두려움이 핵심 증상이다.

우울장애와 양극성 장애. 이들 장애들에서도 집을 떠나는 것을 거부하는 증상이 연관되어 있을 수 있다. 하지만 그 중심된 이유가 애착 대상에게 곤란한 일이 일어나는 것에 대한 두려움 때문이라기보다 바깥활동에 참여하는 것에 대한 낮은 동기 때문이라고 볼 수 있다. 하지만 분리불안장애가 있는 사람들도 분리가 발생하거나 예상될 때 우울해질 수 있다.

적대적 반항장애. 분리불안장애 아동과 청소년도 애착 대상으로부터 분리되려는 상황에서 적대적이 될 수 있다. 적대적 반항장애는 애착 대상과의 분리가 일어나거나, 예상되지 않는 상황에서도 지속적인 적대행동이 나타나는 경우에 고려되어야 한다.

정신병적 장애. 환각이나 정신병적 장애에서와 달리, 분리불안장애에서 나타나는 이상 지각 경험은 특정 실제 자극에 대한 잘못된 해석에 기반을 두고 있고, 특정 상황에서만 나타나며(예, 밤시간), 애착 대상이 있을 때에는 사라진다.

성격장애. 분리불안장애에서는 주 애착 대상과 가깝게 있는 것과 그들의 안전에 대해 걱정한다면, 의존성 성격장애가 있는 사람들은 사람을 가리지 않고 다른 사람들에게 의존한다. 경계성 성격장애는 사랑하는 사람들에게서 버려지는 것을 두려워하지만, 정체성 문제, 본인의 성향에 대한 문제, 대인관계, 그리고 충동성 또한 핵심 증상이 된다.

동반이환

아동의 경우, 범불안장애 또는 특정공포증과 자주 동반된다. 성인의 경우, 특정공포증, 외상후 스트레스장애, 공황장애, 범불안장애, 사회불안장애, 광장공포증, 강박장애, 그리고 성격장애와 동반이환된다. 우울 및 양극성 장애도 성인 분리불안장애에서 동반이환될 수 있다.

선택적 함구증
Selective Mutism

진단기준 **313.23 (F94.0)**

A. 다른 상황에서는 말을 할 수 있음에도 불구하고 말을 해야 하는 특정 사회적 상황(예, 학교)에서 일관되게 말을 하지 않는다.
B. 장해가 학습이나 직업상의 성취 혹은 사회적 소통을 방해한다.
C. 이러한 증상이 최소 1개월 이상 지속된다(학교생활의 첫 1개월에만 국한되지 않는 경우).
D. 사회적 상황에서 필요한 말에 대한 지식이 부족하거나, 언어가 익숙하지 않은 것으로 인해 말을 하지 않는 것이 아니다.
E. 장해가 의사소통장애(예, 아동기 발병 유창성장애)로 더 잘 설명되지 않고, 자폐스펙트럼 장애, 조현병 또는 다른 정신병적 장애의 경과 중에만 발생되지는 않는다.

진단적 특징

사회적 관계에서 사람을 만났을 때, 선택적 함구증이 있는 아이들은 먼저 말을 꺼내지 못하거나 사람들 말에 대답하지 못한다. 다른 아동이나 성인과의 사회적 상호작용에서 말이 없게 된다. 선택적 함구증이 있는 아이들은 집에서 가까운 가족과 있을 때에는 말을 하지만, 흔히 친구들이나 조부모, 사촌 같은 친척들 앞에서는 말을 하지 못한다. 이러한 장해[disturbance]는 종종 높은 수준의 사회 불안으로 나타난다. 선택적 함구증이 있는 아이들은 흔히 학교에서 말하기를 거부하여 선생님들이 아이들의 읽기능력을 평가하기 힘들어지기 때문에 학업 및 학습 영역에 지장을 초래한다. 때로 비언어적 방법(예, 중얼거림, 가리킴, 쓰기)을 이용하여 소통하려고 하거나 말이 필요 없는(예, 학교 놀이에서 말이 필요 없는 부분) 사회적 상황에는 참여하려고 하지만, 말이 거의 없기 때문에 사회적 소통에 지장을 초래하게 된다.

진단을 뒷받침하는 부수적 특징

선택적 함구증의 동반 증상으로는 과도한 수줍움, 사회적으로 당황하는 것에 대한 두려움, 사회적 고립과 위축, 매달리기, 강박적 특징, 거부증, 분노발작, 사소한 반항행동이 있다. 선택적 함구증이 있는 아이들은 대부분 정상 언어능력이 있지만, 때로 의사소통장애가 동반되기도 한다. 하지만 특정 의사소통장애와 선택적 함구증의 연관성이 밝혀진 것은 아니다. 이 장애가 있을 경우 불안도 동반된다. 임상 상황에서 선택적 함구증이 있는 아이들 대부분은 다른 불안장애로 진단된다. 가장 흔히 내려지는 진단은 사회불안장애(사회공포증)다.

유병률

선택적 함구증은 비교적 드문 장애이며, 아동기 정신질환에 대한 역학 연구의 진단범주에 포함되지 않았다. 다양한 클리닉 혹은 학교에서 관찰된 시점 유병률은 관찰방법(예, 병원 대 학교 대 일반 인구 집단) 및 조사 대상 아이들의 연령에 따라 0.03%에서 1%에 이른다. 이 장애의 유병률은 성별, 인종이나 민족에 따라 다르지 않아 보인다. 청소년이나 성인에서보다 어린아이들에게서 많이 발생한다.

발달과 경과

선택적 함구증은 주로 5세 이전에 발병하지만, 아이들이 학교에 들어가서 사회적 관계가 증가하고 읽기 같은 수행 과제가 크게 증가하기 전까지는 임상적 관심을 끌지 못한다. 이 장애의 지속 기간은 다양하다. 임상 보고에 의하면, 많은 사람들이 선택적 함구증을 극복한다고 하지만, 이 장애의 장기적 경과에 대해서는 잘 알려져 있지 않다. 특히, 사회공포증이 동반된 경우, 선택적 함구증은 사라질 수 있으나, 사회공포증 증상들은 남을 수 있다.

위험 및 예후 요인

기질적. 선택적 함구증의 기질적 위험 요인은 잘 알려져 있지 않다. 부정적 정동성negative affectivity(신경증적 경향성neuroticism)이나 행동 억제, 부모의 수줍음, 사회적 고립, 사회불안이 영향을 미칠 수 있다. 선택적 함구증이 있는 아이들은 정상 범위 이내이기는 하지만, 또래들에 비해 수용성 언어에서 약간의 어려움을 보일 수 있다.

환경적. 선택적 함구증이 있는 아이들이 말을 안 하는 행동은 그들의 부모에 의한 사회적 억제 때문일 수 있다. 또한 선택적 함구증이 있는 아이들의 부모가 다른 불안장애가 있는 아이들이나 장애가 없는 아이들의 부모보다 더 과잉보호적이고 지시적인 것으로 보인다.

유전적 · 생리적. 선택적 함구증과 사회불안장애는 많이 겹치기 때문에 아마도 두 장애 사이에 공유하는 유전적 요인이 있을 것으로 보인다.

문화와 관련된 진단적 쟁점

다른 언어를 사용하는 나라로 이민을 간 아이들은 새로운 언어에 대한 지식 부족 때문에 새로운 언어를 말하는 것을 거부할 수도 있다. 만약 새 언어에 대한 이해가 적정 수준에 이르러도 말을 계속하지 않을 경우에는 선택적 함구증 진단을 고려할 수 있다.

선택적 함구증의 기능적 결과

선택적 함구증은 다른 아이들과의 상호적인 사회적 교류에 대한 불안감을 증가시킨다는 점에서 사회적 기능 손상을 초래할 수 있다. 선택적 함구증이 있는 아이들은 자라면서 사회적 고립에 더 자주 직면하게 된다. 학교에서 아이들은 교사에게 학업적 · 개인적으로 필요한 것(예, 학교 숙제를 이해하지 못했다거나 화장실에 가겠다고 말하는 것)을 이야기하지 못하게 되면서 학업 능력의 손상을 경험할 수 있다. 또래 친구들로부터 놀림을 받는 것을 포함해서, 학교와 사회에서의 심한 기능 손상이 흔하다. 어떤 경우에는 사회적 상황에서의 불안반응을 감소시키려는 보상적 전략으로 선택적 함구증이 이용되기도 한다.

감별진단

의사소통장애. 선택적 함구증은 언어장애, 말소리장애(종전의, 음성학적 장애), 아동기 발병 유창성장애(말더듬) 혹은 실용적(사회적) 의사소통장애 같은 의사소통장애 때문에 말하기 힘든 것과 구별되어야 한다. 선택적 함구증에서와 달리 이런 상황에서의 말하기 장애는 특정한 사회적 상황에 한정되지 않는다.

신경발달장애와 조현병 및 기타 정신병적 장애. 자폐스펙트럼장애, 조현병 또는 다른 정신병적 장애, 심각한 지적발달장애는 사회적 의사소통에 문제를 일으킬 수 있고 사회적 상황에서 적절하게 말하지 못하게 될 수 있다. 반면, 선택적 함구증은 아동이 어떤 사회적 상황에서는 말을 잘할 수 있는 능력이 있을 때(예, 집에 있는 경우) 진단될 수 있다.

사회불안장애(사회공포증). 사회불안장애에서 나타나는 사회적 불안과 회피는 선택적 함구증과 연관될 수 있다. 이러한 경우, 두 진단이 모두 내려질 수 있다.

동반이환

가장 흔한 동반질환은 다른 불안장애다. 가장 흔하게 사회불안장애가 있고, 그다음으로 분리불안장애와 특정공포증이 흔히 동반된다. 반항적 행동 또한 선택적 함구증이 있는 아이들에게서 관찰된다. 하지만 이러한 반항행동은 말하기를 강요받을 때에만 나타날 수 있다. 의사소통이 늦거나 장애가 있는 아이들 중 일부의 경우, 선택적 함구증이 동반될 수 있다.

특정공포증
Specific Phobia

진단기준

A. 특정 대상이나 상황에 대해서 극심한 공포나 불안이 유발된다(예, 비행기 타기, 고공, 동물, 주사 맞기, 피를 봄).

주의점: 아동의 경우, 공포나 불안은 울기, 발작, 얼어붙음, 또는 매달리기로 표현될 수 있다.

B. 공포 대상이나 상황은 대부분의 경우 즉각적인 공포나 불안을 유발한다.
C. 공포 대상이나 상황을 회피하거나 아주 극심한 공포나 불안을 지닌 채 참아 낸다.
D. 공포나 불안이 특정 대상이나 상황이 줄 수 있는 실제 위험에 대한 것보다 극심하며, 사회문화적 맥락에서 통상적으로 받아들여지는 것보다 심하다.
E. 공포, 불안 또는 회피 반응은 전형적으로 6개월 이상 지속된다.
F. 공포, 불안 또는 회피는 사회적, 직업적, 또는 다른 중요한 기능 영역에서 임상적으로 현저한 고통이나 손상을 초래한다.
G. 장해가 다른 정신질환으로 더 잘 설명되지 않는다. 공포, 불안, 회피가 광장공포증에서 공황 유사 증상이나 다른 당황스러운 증상들과 관련된 상황, 강박장애에서 강박사고와 연관된 대상이나 상황, 외상후 스트레스장애에서 외상 사건을 상기시키는 것, 분리불안장애에서 집이나 애착 대상으로부터 분리되는 것, 사회불안장애에서의 사회 상황과 연관된 경우가 아니어야 한다.

다음의 경우 명시할 것:

공포 자극을 기준으로 한 부호화

300.29(F40.218) **동물형**(예, 거미, 곤충, 개)

300.29(F40.228) **자연환경형**(예, 고공, 폭풍, 물)

300.29(F40.23x) **혈액-주사-부상형**(예, 바늘, 침투적인 의학적 시술)

부호화 시 주의점: ICD-10-CM 부호에서는 다음과 같다. F40.230: 혈액에 대한 공포, F40.231: 주사, 수혈에 대한 공포, F40.232: 기타 의학적 도움에 대한 공포, F40.233: 부상에 대한 공포

300.29(F40.248) **상황형**(예, 비행기, 엘리베이터, 밀폐된 장소)

300.29(F40.298) **기타형**(예, 질식, 구토를 유발하는 상황. 아이들의 경우, 예컨대 큰 소리나 분장한 인물들[가장 캐릭터])

부호화 시 주의점: 만약 하나 이상의 공포 자극이 있다면 모든 적용 가능한 ICD-10-CM 부호를 적어야 한다(예, 뱀과 비행기를 무서워한다면 F40.218 특정공포증, 동물형과 F40.248 특정공포증, 상황형을 모두 적는다).

명시자

개인이 여러 가지 특정공포증을 가지고 있는 일은 흔하다. 특정공포증 환자들은 평균적으로 3가지의 대상이나 상황을 두려워하며, 대략 75%의 특정공포증 환자는 한 가지 이상의 대상이나 상황에 공포를 느낀다. 이런 경우, 공포 자극의 종류에

따라 고유의 진단부호를 가진 여러 가지의 특정공포증 진단이 동시에 내려진다. 예를 들어, 개인이 뇌우와 비행기 타는 것을 두려워한다면 2가지 진단이 내려진다. 즉, 자연환경형 특정공포증과 상황형 특정공포증이다.

진단적 특징

이 질환의 특징은 공포와 불안이 특정 상황 또는 대상에 국한된다는 것이다(진단기준 A). 이러한 상황이나 대상은 공포 자극phpbic stimulus이라고 명명할 수 있다. 공포 상황이나 대상에 대한 유형은 명시자로 표기된다. 많은 사람들이 한 가지 유형 이상의 공포 자극 대상이나 상황을 두려워한다. 특정공포증의 진단을 위한 개인의 반응은 흔히 대중에게 일어나는 정상적이고 일시적인 공포나 불안과는 달라야 한다. 진단기준을 충족시키기 위해서는 공포와 불안이 강렬하고 극심해야 한다(진단기준 A). 어느 정도의 공포를 경험하게 되는지는 공포 대상이나 상황과의 근접성에 따라 다를 수 있고, 실제 대상이나 상황이 존재하거나 존재하리라 기대할 때 공포가 발생할 수 있다. 또한 공포나 불안은 공황발작(예상되는 공황발작)의 형태를 취할 수 있다. 특정공포증의 또 다른 특징은 공포 자극을 만났을 때 거의 대부분 공포나 불안이 발생한다는 것이다(진단기준 B). 따라서 그러한 상황이나 대상에 마주치더라도 가끔씩만 불안해지는 사람(예, 비행기를 5회 탄 중에 1회만 불안해한 경우)은 특정공포증으로 진단하지 않는다. 하지만 공포나 불안의 표현 정도는 공포 자극이나 상황을 마주치는 경우에 따라 다를 수 있다. 왜냐하면 많은 상황적 요소, 예컨대 다른 사람이 옆에 있는지, 노출의 기간이 어느 정도인지, 비행을 싫어하는 사람이 비행 중 난류를 만나는 것과 같이 다른 위협적인 요소가 있는지 등에 영향을 받기 때문이다. 공포와 불안은 아동과 성인에서 다르게 표현된다. 또한 공포와 불안은 공포 대상이나 자극과 만나자마자 발생한다(뒤늦게 발생하는 것이 아니라 즉시 발생한다).

특정공포증 환자들은 능동적으로 상황을 회피하고, 혹은 그것을 회피할 수 없거나 회피하지 않기로 결정한 경우, 그 상황이나 대상이 극심한 공포와 불안을 일으킨다(진단기준 C). 능동적 회피active avoidance란 의도적으로 공포 대상이나 상황을 만날 기회를 최소화하거나 막는 방향으로 행동하는 것을 뜻한다(예, 고소공포가 있는 경우, 매일 출퇴근길에 다리 대신 터널 이용, 거미에 대한 공포 때문에 어두운 방에 들어가는 것 회피, 공포 자극이 더 흔한 지역에서 직업을 갖지 않으려 함). 회피행동은 흔히 뚜렷하지만(예, 혈액을 두려워하는 사람이 의사에게 가는 것을 거부함), 경우에 따라서는 뚜렷하지 않을 수도 있다(예, 뱀을 두려워하는 사람이 뱀과 닮은 모양의 그림을 보는 것을 거부함). 특정공포증 환자 중 많은 수가 수년간 고통을 받으면서 삶의 환경을 공포 대상이나 상황을 가능한 한 회피할 수 있는 방향으로 바꾼다(예, 동물형 특정공포증이 있는 사람이 무서워하는 특정 동물이 없는 곳으로 이사를 감). 이로써 이들에게는 일상생활에서 더 이상 공포와 불안을 경험할 필요가 없어지게 된다. 이런 경우, 회피행동 또는 공포 대상이나 상황에 노출되는 활동에 참여하는 것을 지속적으로 거부하는 것은 특별한 불안이나 공황 증상 없이도 특정공포증 진단을 내리는 데 도움이 된다(비행이 무서운 사람이 출장이 잦은 직장을 반복적으로 거절한다).

공포와 불안의 정도는 그 대상과 상황이 주는 실제 위험에 비해 아주 크거나 필요 이상으로 강렬하다(진단기준 D). 특정공포증 환자들은 자신들의 반응이 과도하다는 것을 알면서도 두려워하는 상황이 주는 위험에 대해 과대평가하는 경향이 있으므로, 반응의 과도성은 임상가가 판단해야 한다. 이때 이들의 사회문화적 배경도 고려해야 한다. 예를 들어, 폭력이 있는 상황에서 어둠을 무서워하는 것은 합리적이지만, 곤충을 먹는 상황에서 곤충을 공포스러워하는 것은 과도한 반응이다. 공포, 불안, 회피 반응은 전형적으로 6개월 이상 지속된다(진단기준 E). 따라서 특히 아동들을 포함한 일반 인구에서 흔한 일시적인 공포와 구별된다. 하지만 기간 진단기준은 일반적으로 이해되어야 하고, 어느 정도 융통성이 있어야 한다. 특정공포증은 사회적, 직업적, 또는 다른 중요한 기능 영역에서 임상적으로 현저한 고통이나 기능 손상을 초래할 때 진단될 수 있다(진단기준 F).

진단을 뒷받침하는 부수적 특징

특정공포증 환자들은 전형적으로 공포 대상이나 상황을 마주치거나 예상할 때 생리적 각성을 경험한다. 하지만 이러한 공포 대상이나 상황에 대한 생리적 각성은 다양하다. 상황형, 자연환경형, 동물형 특정공포증 환자들은 교감신경계의 각성을 경험하는 데 반해, 혈액-주사-부상형 특정공포증 환자들은 초반에 짧게 심장 박동 수와 혈압이 올라간 뒤 갑자기 심장 박동 수와 혈압이 떨어지는 미주신경성 실신이나 거의 실신할 것 같은 반응을 경험한다. 최근의 특정공포증에 대한 신경계 모델은 다른 불안장애에서처럼 편도체와 주변 구조의 중요성을 강조한다.

유병률

미국에서 12개월 지역사회 유병률은 약 7~9%에 이른다. 유럽 국가들에서의 유병률도 미국과 비슷하다(예, 약 6%). 하지만 아시아, 아프리카, 라틴아메리카 국가들에서의 유병률은 전반적으로 이보다 낮다(2~4%). 유병률은 아동이 약 5% 정도이며, 13~17세 사이에는 16%까지 증가한다. 그 이상의 연령에서는 유병률이 낮은데(약 3~5%), 이는 증상이 임상적으로 의미 있는 수준 이하로 감소하는 것을 반영하는 것일 수 있다. 여성의 유병률이 남성보다 높으며, 그 비율은 공포 자극에 따라 다르지만, 대략 2:1 정도다. 동물형 · 자연환경형 · 상황형 특정공포증은 여성에게서 주로 발생하지만, 혈액-주사-부상형은 남녀 모두 비슷하게 발생한다.

발달과 경과

특정공포증은 때로 외상성 사건(예, 동물에게 공격당하거나 엘리베이터에 갇힘) 이후 또는 다른 사람들의 외상성 사건(예, 누군가 익사하는 것)을 목격한 이후, 예기치 못한 공황발작이 공포 상황(예, 지하철에서 공황발작을 경험)에서 발생한 이후, 정보 전달(예, 비행기 추락에 대한 언론의 과도한 보도)을 받은 이후에 발생한다. 하지만 많은 특정공포증 환자들은 자신들의 공포증이 시작된 특정 원인을 잘 기억하지 못한다. 특정공포증은 주로 어린 시절에 발생하는데, 대부분 10세 이전에 발생한다.

발병 연령의 중앙값은 7세에서 11세 사이에 있으며, 평균 발병 연령은 10세다. 상황형 특정공포증은 자연환경형·동물형·혈액-주사-부상형 특정공포증에 비해 늦게 발병하는 경향이 있다. 아동·청소년기에 발생한 특정공포증은 해당 기간에 증상 악화와 완화가 반복될 수 있다. 하지만 성인기까지 이환된 특정공포증은 대부분의 경우 지속된다.

특정공포증이 아동에게서 발생했을 때는 다음 2가지를 고려해야 한다. 첫째, 어린아이들은 불안과 공포를 울음, 발작, 얼어붙는 것, 매달리는 것으로 표현할 수 있다. 둘째, 어린아이들은 대개 회피 개념을 이해하지 못한다. 따라서 임상가는 부모, 교사, 혹은 아이를 잘 아는 다른 사람들로부터 추가로 정보를 수집해야 한다. 과도한 공포는 어린아이들에게서 흔하지만, 대부분 일시적이고 사소한 정도로 기능을 손상시키고 지나가기 때문에 이는 발달적 측면에서 적절한 것으로 보인다. 이런 경우, 특정공포증 진단은 내리지 않는다. 만약 아동에 대해 특정공포증 진단을 고려한다면, 손상 정도, 공포, 불안, 회피 기간, 그리고 그것이 그 발달시기에 전형적인 것인지의 여부를 평가해야 한다.

성인들의 특정공포증 유병률은 더 낮지만, 노년기에도 특정공포증이 발생할 수 있다. 성인기와 이후의 사람들을 대상으로 특정공포증을 진단하는 경우에는 몇 가지 사항들을 고려해야 한다. 첫째, 성인들은 자연환경형 특정공포증과 낙상에 대한 특정공포가 많다. 둘째, 특정공포증은 (다른 불안장애에서와 마찬가지로) 노년층에서 다른 질병들(예, 관상동맥질환, 만성 폐쇄성 폐질환)과 관련해서 함께 발생하는 경향이 있다. 셋째, 노년층에서는 불안 증상을 내과 질환으로 설명하려는 경향이 있다. 넷째, 노년층에서는 불안을 비전형적인 방법으로 표현하기도 한다(예, 불안과 우울증의 증상을 모두 포함). 따라서 명시되지 않는 불안장애 진단이 내려질 가능성이 높다. 또한 노년층에서의 특정공포증은 낮은 삶의 질과 연관되어 있고, 주요신경인지장애의 위험요인으로 작용할 수 있다.

특정공포증은 대부분 아동·청소년기에 발생한다. 그러나 특정공포증은 어느 연령에서나 발생할 수 있고, 외상적 경험에 의한 경우도 많다. 예를 들어, 어느 연령에서든 질식해서 죽을 뻔한 경험 뒤에는 질식에 대한 공포가 생긴다.

위험 및 예후 요인

기질적. 특정공포증의 기질적 위험요인, 예를 들어 부정적 정동성negative affectivity(신경증적 경향성neuroticism)이나 행동 억제는 다른 불안장애에서도 위험 요인으로 작용한다.

환경적. 부모의 과보호, 부모와의 이별이나 부모의 상실, 신체적·성적 학대와 같은 특정공포증의 위험요인은 다른 불안장애를 예측하게 하는 요소이기도 하다. 이전에 언급한 바와 같이, 특정공포증은 때때로(항상은 아니지만) 공포 대상이나 상황을 부정적 혹은 외상적으로 경험한 후에 발생한다.

유전적·생리적. 어떤 범주의 특정공포증에서는 유전적 민감성이 있을 수 있다(예, 동물형 특정공포증 환자의 일차 친족에서는 같은 특정공포증을 지닐 확률이 다른 범주의 특정공포증에 비해 현저히 높다. 혈액-주사-부상형 특정공포증 환자들은 공포 자극이 있을 때 특징적으로 미주신경성 실신을 보인다).

문화와 관련된 진단적 쟁점

미국에서는 비라틴계 백인, 아프리카계 미국인, 미국 원주민들에 비해 아시아계와 라틴계에서 특정공포증이 유의하게 낮은 비율로 보고되고 있다. 특정공포증의 유병률이 더 낮을 뿐만 아니라 미국 외의 일부 국가, 특히 아시아나 아프리카에서는 공포의 대상이나 발병 연령, 남녀 비율이 다르게 보고된다.

자살 위험

특정공포증 환자는 특정공포증이 없는 사람들에 비해 60% 정도 자살시도를 할 확률이 더 높다. 하지만 이렇게 높은 비율은 일차적으로는 동반된 성격장애나 다른 불안장애에 의한 것이다.

특정공포증의 기능적 결과

특정공포증 환자들은 다른 불안장애, 알코올사용장애나 물질사용장애에서와 마찬가지로 직업적 · 대인관계 기능 손상을 포함한 심리사회적 기능 손상과 낮은 삶의 질을 경험하게 된다. 노년층에서는 기관이나 자원봉사자들로부터 돌봄을 받는 경우에 잘 나타난다. 노인의 경우, 낙상 공포는 움직임을 감소시키고, 신체적 · 사회적 기능을 저하시키며, 결국 가족들에게 의존하게 만든다. 특정공포증에 의해 발생한 손상과 괴로움 정도는 공포 대상이나 상황이 많을수록 증가하는 경향이 있다. 따라서 단 하나의 대상이나 상황에서만 공포를 느끼는 사람에 비해서 4가지 상황이나 대상에서 공포를 느끼는 사람이 직업적 · 사회적으로 더 많은 손상을 경험하고, 삶의 질이 저하된다. 혈액-주사-부상형 특정공포증 환자들은 의학적 진료를 받을 필요가 있을 때조차도 진료받는 것에 대해 거부적이다. 또한 토하거나 질식하는 것에 대한 공포는 식사 자체를 줄이게 만든다.

감별진단

광장공포증. 상황형 특정공포증은 공포 상황(예, 비행, 밀폐된 장소, 엘리베이터)이 서로 겹치기 때문에 광장공포증과 임상적 양상이 비슷하다. 만약 개인이 광장공포증 상황 중 단 한 가지 상황에서만 공포를 느낀다면, 상황형 특정공포증으로 진단될 수 있다. 만약 2가지 이상의 광장공포증 상황에서 공포를 느낀다면, 광장공포증으로 진단하는 것이 타당할 것이다. 예를 들어, 비행기와 엘리베이터(광장공포증에서 대중교통과 겹치는 범주)를 두려워하지만 다른 광장공포증 상황은 두려워하지 않는다면, 상황형 특정공포증으로 진단한다. 하지만 비행기, 엘리베이터, 군중(2가지 광장공포증 상황인 "대중교통 이용"과 "줄을 서거나 군중 속에 있는 것"과 겹치는 범주)을 두려워한다면, 광장공포증으로 진단된다. 광장공포증의 진단기준 B("공황 유사 증상이 나타나거나 다른 당황스러운 상황을 만났을 때 탈출할 수 없거나 도움을 받을 수 없을 것이라는 생각" 때문에 그 상황을 두려워하고 회피하게 됨) 또한 광장공포증과 특정공포증을 구별하는 데 도움이 된다. 만약 그 대상이나 상황에서 직접적으로 위해를 받을 것 같다는 공포(예, 비행기 충돌, 동물에게 물리는 것)처럼, 다른 이유로 상황을 두려워하는 것이라면, 특정공포증으로 진단하는 것이 합당할 것이다.

사회불안장애. 만약 부정적 평가 때문에 그 상황이 두려운 것이라면 특정공포증이 아닌 사회불안장애로 진단해야 할 것이다.

분리불안장애. 만약 주 보호자나 애착 대상과의 이별 때문에 그 상황이 두려운 것이라면, 특정공포증이 아닌 분리불안장애로 진단해야 할 것이다.

공황장애. 특정공포증 환자들은 공포 상황이나 공포 대상과 만났을 때 공황발작을 경험할 수 있다. 특정 대상이나 상황이 공황발작을 일으켰다면 특정공포증으로 진단될 수 있을 것이지만, 예기치 못한 공황발작(예, 특정 공포 대상이나 상황이 아닌 때에 일어나는 공황발작)을 경험한다면 공황장애로 진단될 것이다.

강박장애. 만약 대상이나 상황에 대해 공포를 느끼거나 불안해하는 것이 강박사고 때문이라면(예, 혈액으로 전파되는 병원균[즉, HIV]에 의해 오염되는 강박적인 생각 때문에 피를 두려워하는 것, 다른 사람들을 해치는 강박적 영상 때문에 운전을 두려워하는 것), 그리고 다른 강박장애의 진단기준이 충족된다면, 강박장애로 진단 내려야 할 것이다.

외상후 스트레스장애. 만약 외상적 사건 이후에 공포증이 발병했다면, 외상후 스트레스장애의 진단도 고려해야 한다. 하지만 외상적 사건은 외상후 스트레스장애와 특정공포증 모두에 선행할 수 있다. 이런 경우, 특정공포증의 진단은 외상후 스트레스장애의 진단을 충족하지 않을 때에만 내려질 수 있다.

섭식장애. 회피 반응이 음식이나 음식과 관련된 자극에만 국한될 때에는 특정공포증이 아니라 신경성 식욕부진증, 신경성 폭식증이 고려되어야 한다.

조현병 스펙트럼 및 기타 정신병적 장애. 공포와 회피가 망상적 생각(조현병이나 다른 조현병 스펙트럼, 다른 정신병적 장애에서처럼)에 의한 것이라면, 특정공포증은 적절한 진단이 아니다.

동반이환

특정공포증은 클리닉에서는 보기 드물고, 다른 정신병리가 없는 일반 건강인 집단에서 더 자주 보인다. 특정공포증은 다른 장애와 흔히 동반되는데, 특히 노년에서는 우울증과 잘 동반된다. 조기 발병하기 때문에 특정공포증은 전형적으로 원발성 장애다. 특정공포증 환자들은 다른 장애의 발병 위험이 높은데, 그 예로는 다른 불안장애, 우울 및 양극성 장애, 물질관련장애, 신체증상 및 관련 장애, 성격장애(특히 의존성 성격장애)가 있다.

사회불안장애(사회공포증)

Social Anxiety Disorder(Social Phobia)

진단기준 **300.23 (F40.10)**

A. 타인에게 면밀하게 관찰될 수 있는 하나 이상의 사회적 상황에 노출되는 것을 극도로 두려워하거나 불안해한다. 그러한 상황의 예로는 사회적 관계(예, 대화를 하거나 낯선 사람을 만나는 것), 관찰되는 것(예, 음식을 먹거나 마시는 자리), 다른 사람들 앞에서 수행을 하는 것(예, 연설)을 들 수 있다.

주의점: 아동의 경우, 성인과의 관계가 아니라 아이들 집단 내에서 불안해할 때만 진단해야 한다.

B. 다른 사람들에게 부정적으로 평가되는 방향(수치스럽거나 당황한 것으로 보임, 다른 사람을 거부하거나 공격하는 것으로 보임)으로 행동하거나 불안 증상을 보일까 봐 두려워한다.

C. 이러한 사회적 상황이 거의 항상 공포나 불안을 일으킨다.

주의점: 아동의 경우, 공포와 불안은 울음, 분노발작, 얼어붙음, 매달리기, 움츠러듦, 혹은 사회적 상황에서 말을 하지 못하는 것으로 표현될 수 있다.

D. 이러한 사회적 상황을 회피하거나 극심한 공포와 불안 속에 견딘다.

E. 이러한 불안과 공포는 실제 사회 상황이나 사회문화적 맥락에서 볼 때 실제 위험에 비해 비정상적으로 극심하다.

F. 공포, 불안, 또는 회피는 전형적으로 6개월 이상 지속되어야 한다.
G. 공포, 불안, 또는 회피는 사회적, 직업적, 또는 다른 중요한 기능 영역에서 임상적으로 현저한 고통이나 손상을 초래한다.
H. 공포, 불안, 또는 회피는 물질(예, 남용약물, 치료약물)의 생리적 효과나 다른 의학적 상태로 인한 것이 아니다.
I. 공포, 불안, 또는 회피는 공황장애, 신체이형장애, 자폐스펙트럼장애 같은 다른 정신질환으로 더 잘 설명되지 않는다.
J. 만약 다른 의학적 상태(예, 파킨슨병Parkinson's disease, 비만, 화상이나 손상에 의한 신체 훼손)가 있다면, 공포, 불안, 회피는 이와 무관하거나 지나칠 정도다.

다음의 경우 명시할 것:
수행형 단독: 만약 공포가 대중 앞에서 말하거나 수행하는 것에 국한될 때

명시자

수행형 단독performance only의 사회불안장애 환자들은 전형적으로 그들의 직업적 생활(예, 음악가, 무용수, 연기자, 운동선수)이나 주기적인 대중 연설을 필요로 하는 역할에 가장 지장을 주는 수행공포performance fears가 있다. 수행공포는 정기적인 대중 발표가 필요한 직업, 학교, 또는 학문 영역에서 보일 수 있다. 수행형 단독의 사회불안장애 환자들은 다른 사회적 상황을 두려워하거나 회피하지 않는다.

진단적 특징

사회불안장애 환자들의 핵심적인 특징은 다른 사람들에게 면밀하게 관찰될 수 있는 사회적 상황에 대해 극심한 공포와 불안을 느낀다는 것이다. 아동의 경우, 공포와 불안은 성인과의 관계에서뿐 아니라 또래 집단에서도 발생해야 한다(진단기준 A). 이들은 사회적 상황에 노출되었을 때, 부정적으로 평가될까 봐 두려워한다. 다른 사람들에게 불안한, 약한, 미친, 어리석은, 지루한, 협박하는, 더러운, 혹은 좋아할 만한 사람이 아닌 것으로 평가받을까 봐 염려한다. 얼굴이 붉어지거나, 떨거나, 땀을 흘리거나, 말을 더듬거리거나, 주시하는 등의 불안 증상을 보일까 봐 두려워한다(진단기준 B). 이들 중 일부는 다른 사람을 공격하게 되고, 그로 인해 거부

당할까 봐 두려워한다. 다른 사람들을 공격하는 것에 대한 두려움—예를 들어, 쳐다보거나 불안 증상을 보이는 것—은 강한 집단주의 문화에서는 주된 공포다. 손을 떠는 것에 대한 공포가 있는 사람들은 마시고, 먹고, 글씨를 쓰고, 대중 앞에서 손가락으로 가리키는 것을 피한다. 땀을 흘리는 것에 대한 공포가 있는 사람은 다른 사람과 악수하거나 매운 음식을 먹는 것을 피한다. 얼굴이 붉어지는 것에 대한 공포가 있는 사람들은 대중 앞에서 무엇인가를 하거나 밝은 불빛, 친밀한(사적인) 주제에 대해 토론하는 것을 회피한다. 일부 사람들의 경우에는 공중화장실에서 다른 사람들이 있을 때 소변 보는 것을 두려워한다(소변불안증 혹은 부끄러움 때문에 소변을 못 보는 증상[수치성 배뇨장애 증후군paruresis]).

사회적 상황은 거의 대부분 공포와 불안을 일으킨다(진단기준 C). 따라서 사회적 상황에서 가끔 불안해하는 사람은 사회불안장애로 진단되지 않는다. 하지만 공포와 불안의 정도는 상황에 따라 매우 다양하다(예, 예기불안, 공황발작). 예기불안anticipatory anxiety은 때때로 상황과 부딪히기 훨씬 전에 발생한다(예, 사회적 행사에 참여하기 몇 주 전부터 매일 그 일에 대해 걱정하고 며칠 전부터 계속 이야기하는 것). 아동에서 공포와 불안은 울음, 분노발작, 얼어붙는 것, 매달리기, 혹은 사회적 상황에서 움츠러드는 것으로 표현될 수 있다. 사회불안장애가 있는 사람들은 종종 공포스러운 사회적 상황을 피한다. 또는 극심한 공포나 불안 속에서 그 상황을 참고 견딘다(진단기준 D). 회피는 사소하게 나타날 수도 있고(예, 발표 준비를 과도히 열심히 하거나, 다른 사람에게로 관심을 돌리거나, 눈 맞춤이 좋지 않음), 극대화되어 나타날 수도 있다(예, 파티에 가지 않거나 등교를 거부하는 것).

공포와 불안은 부정적으로 평가받을 위험이나 실제로 받는 부정적 평가결과에 비해 매우 극심하다(진단기준 E). 때로 불안이 실제 위험(예, 왕따를 당하거나 괴롭힘을 당하는 것)과 연관되어 있을 때에는 극심한 정도라고 판단하지 않는다. 하지만 사회불안장애 환자들은 흔히 사회적 상황의 부정적 결과를 확대 해석하는 경향이 있으므로, 불안과 공포의 극심한 정도는 임상가가 판단해야 한다. 이 과정에서 개인의 사회문화적 배경도 고려해야 한다. 예를 들어, 어떤 문화에서는 다소 불안해 보이는 것이 사회적 상황에 적절할 수 있다(예, 존경의 표시로 보이는 것).

장애 기간은 전형적으로 6개월 이상 지속된다. 기간에 대한 기준은 특히 아동과 지역사회에서 흔한 일시적인 사회공포와 질환을 구별하는 데 도움을 준다. 하지만 기간에 대한 기준은 어느 정도 유연하게 적용되어야 한다. 공포, 불안, 회피는 개인의 일상생활, 직업적 혹은 학업적 성취, 사회활동과 사회적 관계를 현저하게 방해하거나 사회적, 직업적, 또는 다른 중요한 기능 영역에서 임상적으로 현저한 고통이나 손상을 초래한다(진단기준 G). 예를 들어, 대중 앞에서 발표하는 것을 두려워하는 사람이, 일상적인 직장생활이나 학교생활에서 발표가 자주 있는 것이 아니라서 그것 때문에 극심하게 고통받지 않는다면, 사회공포증으로 진단하지 않는다. 하지만 사회불안 증상으로 인해 정말로 원하는 직업이나 교육의 기회를 놓친다면, 진단기준 G를 충족한다고 볼 수 있다.

진단을 뒷받침하는 부수적 특징

사회불안장애 환자들은 주장의 단호함이 불충분하거나 과도하게 순종적이며, 어떤 경우에는 지나치게 경직된 자세나 부적절한 눈 맞춤을 보이거나, 혹은 너무 부드러운 목소리로 대화할 수도 있다. 이런 사람들은 부끄러움을 많이 타거나 뒤로 물러나 있다. 이들은 대화에서 자신을 거의 노출하지 않으며, 사회적 관계가 필요하지 않은 직장을 찾을 것이다(수행형 단독 사회불안장애 환자들은 예외일 수 있다). 이들은 집에 더 오래 머물 것이다. 남성은 결혼을 해서 가정을 꾸리는 것이 늦어지는 경향이 있고, 집 밖에서 일하기를 원하던 여성은 주부이자 엄마로서 살게 된다. 물질의 자가처방은 흔하다(예, 파티에 가기 전에 술을 마시는 것). 노년층에서의 사회불안장애는 의학적 불편감을 과장하는 형태로 나타날 수 있다. 그 예로는 떨림이 증가하거나 빈맥이 있을 수 있다. 얼굴이 붉어지는 것은 사회불안장애를 시사하는 확실한 신체 반응이다.

유병률

미국에서 12개월 동안 측정한 사회불안장애의 유병률은 7% 정도다. 동일한 진단 도구를 이용해서 대부분의 다른 나라에서 측정된 12개월 유병률은 이보다 낮아서 0.5~2% 정도이고, 유럽에서의 유병률 중간값은 2.3%다. 아동과 청소년에서의 12개월 유병률은 성인에서와 비슷하다. 유병률은 연령이 높아질수록 떨어진다. 노년층에서의 12개월 유병률은 2~5% 정도다. 사회불안장애는 대개 일반 인구에서는 남성보다 여성이 발생률이 더 높다(승산비odds ratio[*역자 주. 두 집단의 이항변수에 관한 승산odds의 비를 가리킨다. 가령 이항변수가 '성공'과 '실패'로 구성된다면 승산비는 한 집단이 다른 집단에 비해 성공할 승산의 비에 대한 측정량이 됨]는 1.5에서 2.2 정도). 성별에 따른 유병률 차이는 청소년과 초기 성인에서 더 뚜렷하다. 하지만 클리닉을 찾는 임상 집단에서의 유병률은 남성이 여성보다 약간 더 높거나 비슷하다. 따라서 성별에 따른 역할과 사회적 기대 때문에 사회불안장애가 있는 남성이 클리닉을 더 자주 찾는 방식으로 도움 추구 행동을 보인다. 미국에서의 인종별 유병률은 미국 원주민들이 더 높고, 아시아계, 라틴계, 아프리카계와 아프리카계 카리브해인 후손들은 백인들에 비해 더 낮다.

발달과 경과

미국에서 사회불안장애의 발병 연령 중앙값은 13세로, 75%의 환자가 8세에서 15세 사이에 발병한다. 미국과 유럽에서의 연구에 의하면, 이 장애는 아동기에 사회적인 상황에서 나서지 않으려 하고 부끄러움을 타는 것에서부터 발달된다. 이 장애는 어린 아동기에 발병될 수도 있다. 사회불안장애는 스트레스와 수치심을 주는 경험(예, 왕따를 당하거나, 발표 중 토하는 것) 뒤에 발생하기도 하고, 점진적으로 서서히 발병하기도 한다. 성인기에 처음 발병하는 경우는 상대적으로 드물며, 스트레스와 수치심을 주는 사건 발생 이후나 새로운 사회적 역할(예, 다른 사회계층 사람과 결혼하거나 승진한 후)이 요구되는 삶의 변화 후에 나타나는 경우가 많다. 데이트에 대한 공포가 있는 사람은 결혼함으로써 사회불안장애가 감소했다가 이혼

하면서 다시 증상이 나타나기도 한다. 치료받으러 오는 사람들은 사회불안장애가 지속되는 경우가 많다.

청소년기에는 아동기에 비해서 더 다양한 공포와 회피가 나타나는데, 예컨대 데이트에 대한 공포가 있을 수 있다. 노년층에서는 사회불안 증상이 약하게 표현되지만, 더 광범위한 상황에서 나타난다. 반면, 초기 성인들의 경우에는 사회불안 증상이 특정 상황에서 더 심하게 나타나는 경향이 있다. 노년층에서 사회불안은 감각기관의 기능 저하(청력, 시력), 외양의 변화에 대한 당혹감(파킨슨병에 의한 떨림), 질병, 실금, 인지기능 손상(사람들의 이름을 잊어버리는 것)을 고려해야 한다. 지역사회에서 사회불안장애 환자의 대략 30%가 1년 이내에 증상이 좋아짐을 경험하며, 50%는 수년 내에 호전을 보인다. 치료를 받지 않는 환자의 60%는 수년 이상 증상이 지속될 수 있다.

노년층에서는 신체 증상, 동반 질병, 병식 부족, 사회 환경 또는 역할의 변화로 사회적 기능에 분명한 손상이 있을 수 있는 점, 그리고 심리적 고통에 대해 말하기를 주저하는 점 때문에 사회불안장애를 발견하기가 힘들다.

위험 및 예후 요인

기질적. 사회불안장애 환자들의 성격적 특징은 행동을 억제하고 부정적 평가를 두려워하는 것이다.

환경적. 어린 시절 잘 대우받지 못했거나 심리사회적 역경이 사회불안장애의 발병 원인이 되지는 않는다. 하지만 사회불안장애발생의 위험을 증가시킬 수 있다.

유전적 · 생리적. 행동 억제 같은 사회불안장애 환자들의 성격적 특징은 유전적으로 강하게 영향을 받는다. 유전적 영향은 유전-환경 상호작용의 영향을 받는다. 즉, 행동 억제가 높은 아이들은 부모가 지닌 높은 사회적 불안도를 습득함으로써 사회적 영향에 더욱 민감하게 반응한다. 또한 사회불안장애는 유전된다(하지만 수행형 단독 불안장애는 덜 그렇다). 사회불안장애 환자의 일차 친족들은 2~6배 정도 발병 위험이 더 높으며, 질환 발생에는 질환 특이적인(예, 부정적 평가에 대한 공포) 유전적 요인과 질환 비특이적인(예, 신경증적 경향성) 유전적 요인의 상호작용이 기여한다.

문화와 관련된 진단적 쟁점

타이진 쿄후쇼taijin kyofusho(대인공포증; 예, 일본과 한국에서)는 사회적 평가를 걱정하고, 사회불안장애 진단에 부합되며, 다른 사람을 불편하게 만들까 봐 두려워하고(예, "내 눈빛이 사람들을 불편하게 해서 다른 곳을 쳐다보고 나를 회피한다."), 때로 망상 수준까지 공포를 느끼는 특징이 있다. 이런 증상은 아시아권 밖에서도 관찰된다. 타이진 쿄후쇼는 신체이형장애나 망상장애의 진단기준을 충족시킬 수도 있다. 라틴계와 비라틴계 백인 집단의 이민자 집단의 경우, 사회불안장애가 확연히 낮게 나타난다. 사회불안장애의 유병률은 같은 문화권에서 자기보고식으로 측정된 사회불안 정도와 늘 연관성이 있는 것은 아니다. 강한 집단주의 성향의 사회에서 사회불안 정도는 높게 측정되지만, 사회불안장애의 유병률이 낮을 수 있다.

성별과 관련된 진단적 쟁점

사회불안장애가 있는 여성들은 많은 종류의 사회적 공포와 동반된 우울, 양극성 및 불안 장애를 보고한다. 반면, 남성들은 데이트하는 것에 대한 공포, 적대적 반항장애나 품행장애, 음주나 불법약물 관련 증상을 보고하는 경우가 많다. 소변불안증paruresis은 남성에게서 더 흔하다.

사회불안장애의 기능적 결과

사회불안장애는 학교 자퇴와 낮은 사회적 안녕, 취업률, 직업적 생산성, 사회경제적 지위, 그리고 삶의 질과 연관이 있다. 사회불안장애는 특히 남성의 경우, 독신, 미혼이어야 하는 경우에, 이혼, 무자녀 상태와 연관성이 있다. 노년기에는 기관이나 자원봉사자의 도움을 받아야 하는 경우에 도움을 잘 받지 못할 수 있다. 사회불안장애는 또한 여가활동을 방해한다. 사회불안장애와 연관된 고통이나 사회적 손상의 정도와 무관하게, 서구 사회에서는 사회불안장애가 있는 사람들의 절반만이 치료를 받으려고 시도한다. 이러한 시도는 증상을 경험한 지 15~20년이 지난 뒤에야 이루어진다. 직업을 갖지 않는 것은 사회불안장애의 지속성에 대한 강한 예측 요인이다.

감별진단

정상적인 수줍음. 수줍음shyness(사회적 과묵성social reticence)은 흔한 성격 특질이고, 그 자체로 병적인 것은 아니다. 어떤 사회에서는 수줍음이 긍정적으로 평가받기도 한다. 하지만 사회적, 직업적, 또는 다른 중요한 기능 영역에서 확연히 안 좋은 영향을 끼친다면, 사회불안장애 진단이 고려되어야 한다. 그리고 사회불안장애의 진단기준을 모두 충족한다면 진단이 내려져야 한다. 미국에서는 스스로 수줍음을 많이 탄다고 보고한 사람들 중 단지 소수(12%)만이 사회불안장애 진단기준을 충족시킬 정도의 증상을 보인다.

광장공포증. 광장공포증 환자들도 사회적 상황(예, 영화 보러 가기)을 두려워하고 회피한다. 왜냐하면 당혹스럽거나 공황 유사 증상이 나타났을 때, 그곳에서 빠져나오거나 도움을 받는 것이 힘들기 때문이다. 반면, 사회불안장애 환자들은 다른 사람들에게 면밀히 관찰되는 것을 두려워한다. 게다가 사회불안장애 환자들은 광장공포증 환자의 경우와 달리 완전히 혼자 남겨졌을 때는 오히려 차분해진다.

공황장애. 사회불안장애 환자들도 공황발작을 경험할 수 있지만, 그들이 걱정하는 것은 공황장애 환자들에서처럼 공황발작 자체가 아닌 부정적 평가다.

범불안장애. 범불안장애에서 사회적 걱정은 흔하다. 하지만 사회불안장애에서처럼 부정적 평가를 걱정한다기보다 관계 지속에 대해 걱정하는 경우가 많다. 범불안장애 환자들은, 특히 아동의 경우, 사회적 수행에 대해 심한 걱정을 하기도 하지만, 이러한 걱정은 사회적이지 않은 수행에도 적용되며, 다른 사람에게 평가받지 않는 상황에도 적용된다. 사회불안장애의 경우, 걱정은 사회적 수행과 다른 사람의 평가에 집중된다.

분리불안장애. 분리불안장애 환자들도 사회적 상황을 회피(등교거부를 포함해서)하는데, 이는 애착 대상과의 분리를 걱정하기 때문이다. 아동의 경우, 발달과정상 적절치 않음에도 불구하고 부모가 곁에 함께 있는 것을 필요로 한다. 분리불안장애 환자들은 애착 대상과 함께 있을 때나 집에 있을 때에는 사회적 상황에서도 편안함을 느낀다. 반면, 사회불안장애 환자들은 집에 있거나 애착 대상이 함께 있더라도 사회적 상황이 발생하면 불편감을 느낀다.

특정공포증. 특정공포증 환자들은 당혹스럽거나 수치스러운 경우(예, 피를 뽑을 때 쓰러지는 것에 대한 당혹감)에 대해 공포감을 느끼지만, 다른 대부분의 사회적 상황에서 부정적 평가를 받는 것을 두려워하지는 않는다.

선택적 함구증. 선택적 함구증 환자들이 부정적 평가에 의한 두려움으로 말을 못할 수는 있지만, 말이 필요 없는 사회적 상황(예, 말하지 않고도 할 수 있는 놀이)에서 부정적 평가를 받는 것에 대해서는 두려워하지 않는다.

주요우울장애. 주요우울장애 환자들은 그들이 나쁘거나 좋아할 만한 가치가 없다고 느끼기 때문에 다른 사람들에게 부정적으로 평가받는 것에 대해 걱정한다. 반면, 사회불안장애 환자들은 사회적 행동이나 신체적 증상으로 인한 부정적 평가에 대해 걱정한다.

신체이형장애. 신체이형장애 환자들은 다른 사람들의 눈에는 잘 띄지 않거나 사소하게 보이는 자신의 신체적 외모에서 지각되는 결함 또는 결점에 대한 생각에 집착한다. 이러한 집착은 흔히 사회적 불안과 회피를 유발한다. 만약 사회적 공포나 회피가 그들의 외모 때문이라는 믿음 때문만이라면, 사회불안장애 진단을 중복해서 내리는 것은 적절치 않다.

망상장애. 망상장애 환자들은 기괴하지 않은 망상이나 그와 관련된 환각을 경험하는데, 때로 그 망상이 다른 사람에게 거절당하거나 다른 사람들의 기분을 상하게 하는 내용일 수 있다. 사회적 상황에 대한 개인의 신념 정도는 다양하지만, 사회불안장애 환자들은 대개 사회적 상황이 주는 실질적 위협에 비해 자신들의 신념이 과도하다는 것을 잘 알고 있다.

자폐스펙트럼장애. 사회적 불안과 사회적 대화 부재는 자폐스펙트럼장애의 특징이다. 사회불안장애 환자들은 낯선 친구나 성인들과 처음 관계를 형성하게 되는 경우, 부족한 부분이 있더라도 전형적으로 연령에 맞는 적절한 사회적 관계 및 대화 능력을 가지고 있다.

성격장애. 사회불안장애는 아동기에 발병하고 성인기까지 지속된다는 점에서 성격장애와 유사하다. 가장 많이 중첩되는 장애는 회피성 성격장애다. 회피성 성격장애 환자의 경우, 사회불안장애 환자들보다 더 넓은 범위의 회피 성향을 보인다. 그렇지만 사회불안장애는 전형적으로 다른 성격장애보다 회피성 성격장애와 더 자주 동반되며, 회피성 성격장애 역시 다른 불안장애보다 사회불안장애와 잘 동반된다.

기타 정신질환. 조현병에서도 사회적 공포와 불편감이 나타날 수 있지만, 다른 정신병적 증상이 주 증상으로 나타난다. 섭식장애 환자들은 사회불안장애 진단을 내리기 전에 그들이 두려워하는 부정적 평가가 섭식장애 증상이나 행동(예, 폭식과 구토)에만 국한되는지의 여부를 확인하는 것이 중요하다. 비슷한 맥락에서, 강박장애는 사회불안장애와 관련이 많지만, 사회불안장애 진단은 강박사고나 강박행동과는 별도로 사회적 공포와 회피가 있을 경우에 한해서 가능하다.

기타 의학적 상태. 의학적 상태에 따라서는 수치감을 유발하는 증상(예, 파킨슨병으로 인한 손 떨림)을 일으키기도 한다. 만약 다른 의학적 상태 때문에 부정적 평가를 받는 것에 대한 두려움이 지나치다면, 사회불안장애의 진단을 고려해야 한다.

적대적 반항장애. 권위적 대상에 대한 반항으로 말을 하지 않는 것은 부정적 평가에 대한 두려움 때문에 말하지 못하는 것과 구별되어야 한다.

동반이환

사회불안장애는 흔히 다른 불안장애, 주요우울장애, 물질사용장애와 동반되며, 사회불안장애의 발병이 보통 특정공포증과 분리불안장애를 제외한 다른 장애에 선행한다. 사회불안장애의 경과에 따른 장기적인 사회적 고립은 주요우울장애의 원인이 된다. 노년층에서는 우울증의 동반이환이 많다. 사회적 공포에 대해 각종 물질이 자가처방으로 사용되는 경우가 많다. 그러나 물질중독 및 금단 증상, 예컨대 떨림이 사회적 두려움의 원인으로 역작용하기도 한다. 사회불안장애는 흔히 양극성장애나 신체이형장애와 동반이환된다. 예를 들어, 신체이형장애 환자가 자신의 코가 아주 약간 균형이 깨져 있다는 생각에 집착하게 되면서 자신이 멍청하게 보일까 봐 극도로 두려워하는 사회불안장애가 나타날 수 있다. 가장 전형적인 사회불안장애의 양상(수행형 단독 사회불안장애를 제외하고)은 회피성 성격장애와 동반된 경우다. 아동의 경우, 기능적으로 우수한 자폐나 선택적 함구증도 흔히 동반된다.

공황장애

Panic Disorder

진단기준	**300.01 (F41.0)**

A. 반복적으로 예상하지 못한 공황발작이 있다. 공황발작은 극심한 공포와 고통이 갑작스럽게 발생하여 수분 이내에 최고조에 이르러야 하며, 그 시간 동안 다음 중 4가지 이상의 증상이 나타난다.

주의점: 갑작스러운 증상의 발생은 차분한 상태나 불안한 상태에서 모두 나타날 수 있다.

1. 심계항진, 가슴 두근거림, 또는 심장 박동 수 증가
2. 발한
3. 몸이 떨리거나 후들거림

4. 숨이 가쁘거나 답답한 느낌
5. 질식할 것 같은 느낌
6. 흉통 또는 가슴 불편감
7. 메스꺼움 또는 복부 불편감
8. 어지럽거나 불안정하거나 멍한 느낌이 들거나 쓰러질 것 같음
9. 춥거나 화끈거리는 느낌
10. 감각이상(감각이 둔해지거나 따끔거리는 느낌)
11. 비현실감(현실이 아닌 것 같은 느낌) 혹은 이인증(나에게서 분리된 느낌)
12. 스스로 통제할 수 없거나 미칠 것 같은 두려움
13. 죽을 것 같은 공포

주의점: 문화 특이적 증상(예, 이명, 목의 따끔거림, 두통, 통제할 수 없는 소리 지름이나 울음)도 보일 수 있다. 이러한 증상들은 위에서 진단에 필요한 4가지 증상에는 포함되지 않는다.

B. 적어도 1회 이상의 발작 이후에 1개월 이상 다음 중 한 가지 이상의 조건을 만족해야 한다.

1. 추가적인 공황발작이나 그에 대한 결과(예, 통제를 잃음, 심장발작을 일으킴. 미치는 것)에 대한 지속적인 걱정
2. 발작과 관련된 행동으로 현저하게 부적응적인 변화가 일어난다(예, 공황발작을 회피하기 위한 행동으로 운동이나 익숙하지 않은 환경을 피하는 것 등).

C. 장해는 물질(예, 남용약물, 치료약물)의 생리적 효과나 다른 의학적 상태(예, 갑상선기능항진증, 심폐질환)로 인한 것이 아니다.

D. 장해가 다른 정신질환으로 더 잘 설명되지 않는다(예, 사회불안장애에서처럼 두려운 사회적 상황에서만 발작이 일어나서는 안 된다. 특정공포증에서처럼 공포 대상이나 상황에서만 나타나서는 안 된다. 강박장애에서처럼 강박사고에 의해 나타나서는 안 된다. 외상후스트레스장애에서처럼 외상성 사건에 대한 기억에만 관련되어서는 안 된다. 분리불안장애에서처럼 애착 대상과의 분리에 의한 것이어서는 안 된다).

진단적 특징

공황장애는 반복적으로 예기치 못한 공황발작이 일어나는 경우다(진단기준 A). 공황발작은 극심한 공포와 고통이 갑작스럽게 발생하여 수분 이내에 최고조에 이르러야 하며, 그 시간 동안 13가지 생리적 · 인지적 증상 중 4가지 이상의 증상이 나

타난다. "반복적으로recurrent"라는 용어는 문자 그대로 1회 이상의 예기치 못은 발작을 의미한다. "예기치 못한unexpected"이라는 용어는 공황발작에 뚜렷한 예측 요인이 없음을 뜻한다. 그것은 발작이 쉬고 있거나 자는 도중에(야간 공황발작) 일어나는 것처럼 전혀 예상할 수 없는 상황에서 나타남을 의미한다. 반면에, "예상되는expected" 공황발작은 뚜렷한 예측 요인이 있은 후의 발작을 의미한다(예, 공황발작이 주로 일어나는 상황이 있음)이다. 공황발작이 예기치 못한 것인지, 예측되는 것인지는 임상가가 판단한다. 임상가들은 발작이 일어나기 전의 일련의 사건과 환자가 그 발작이 어떤 원인에 의한 것으로 생각하는지의 여부를 주의 깊게 질문함으로써 판단을 내려야 한다. 문화적 해석 또한 공황장애의 예측 가능성 여부 결정에 영향을 미친다(이 장애에 대해서는 "문화와 관련된 진단적 쟁점" 부분을 참조할 것). 미국이나 유럽의 공황장애 환자들의 절반 정도는 예측 가능한 발작과 불가능한 발작을 모두 경험한다. 따라서 예측되는 공황발작이 있다고 해서 공황장애가 아니라고 할 수는 없다. "예기치 못한" "예상되는" 공황발작에 대한 자세한 내용은 공황발작(60~66쪽)에 대한 설명에 더욱 자세히 기술되어 있다.

공황발작의 빈도와 심각도는 매우 다양하다. 빈도에 있어서 중등도의 빈번한 발작(예, 일주일에 1회)이 수개월간 있을 수도 있고, 짧고 더욱 빈번한 발작(예, 매일)이 있다가 중간에 몇 주 혹은 몇 달씩 없어지거나 감소했다가 다시 나타나는 식(예, 1개월에 2회)으로 수년간 지속될 수도 있다. 드물게 공황발작을 경험하는 사람들은 빈번한 공황발작을 경험하는 사람들과 공황발작의 증상, 인구학적 특징, 동반질환, 가족력, 생물학적 특징에 있어서 비슷할 수 있다. 심각도에 있어서 공황장애 환자들은 전형적인 증상(4가지 이상의 증상)을 보일 수도 있고, 제한된 증상(4가지 미만의 증상)을 보일 수도 있다. 공황발작 증상의 수와 종류는 매번 달라지는 경우가 흔하다. 하지만 1회 이상의 예기치 못한 전형적인 증상을 보이는 공황발작이 있어야 공황장애 진단을 내릴 수 있다.

공황발작이나 그에 따른 결과에 대한 걱정은 생명을 위협하는 질병(예, 심장질환, 발작장애)의 존재에 대한 걱정일 수 있고, 공황 증상을 보였을 때 다른 사람들에게 부정적으로 평가받거나 당황하는 것에 대한 사회적인 걱정일 수도 있으며, "미치거나" 통제를 잃을 것 같다는 정신적 기능에 대한 걱정일 수도 있다(진단기준 B). 부적응적인 행동 변화는 공황발작이나 그 결과를 회피하거나 최소화하기 위한 것이다. 그 예로는 신체적 운동을 피하거나, 공황발작이 일어났을 때 도움이 가능하도록 일상생활을 재구성하거나, 평소 일상활동을 제한하거나, 집을 떠나거나 대중교통을 이용하거나 쇼핑을 가는 것처럼 광장공포가 일어날 것 같은 상황을 피하는 것을 들 수 있다. 광장공포증이 있다면, 광장공포증 진단을 별개로 내려야 한다.

진단을 뒷받침하는 부수적 특징

예기치 못한 공황발작의 한 가지 예는 야간 공황발작이다(밤에 공황 상태에서 잠에서 깨는 것으로 잠에서 완전히 깬 후에 공황이 나타나는 것과 다르다). 대부분의 공황발작은 낮 동안 일어나지만, 미국에서 대략 공황장애 환자의 1/4~1/3은 일생에 최소 1회는 야간 공황발작이 나타나는 것으로 알려져 있다. 공황발작과 그 결과에 따른 걱정에 더해서, 많은 공황장애 환자는 지속적이거나 간헐적인 신체·정신 건강에 대한 걱정과 관련된 불안감을 호소한다. 예를 들어, 공황장애 환자들은 가벼운 신체적 증상이나 치료약물 부작용에도 흔히 최악의 결과를 예상한다(예, 자신에게 심장질환이 있다고 생각하거나 두통을 뇌종양 증상으로 여긴다). 이러한 사람들은 흔히 치료약물 부작용을 잘 견디지 못한다. 게다가, 매일 해야 할 일의 완수 또는 일상적 스트레스를 잘 견디는 능력에 대해 걱정하거나, 공황발작을 조절하기 위해 먹는 물질들(예, 술, 치료약물, 불법약물)의 과다 섭취에 대해 걱정하거나, 공황발작을 조절하고자 극단적인 행동을 한다(예, 공황발작을 일으킬 수 있는 신체 증상에 대한 염려로, 식사를 엄격하게 제한하거나, 특정 음식 또는 치료약물을 피함).

유병률

미국과 일부 국가들의 일반 인구 집단에서의 12개월 유병률은 성인과 청소년에서 대략 2~3%로 측정된다. 미국의 라틴계 백인과 아프리카계 미국인, 카리브해 미국인, 아시아계 미국인의 경우, 비라틴계 백인에 비해서 현저히 낮은 유병률을 보인다. 반면, 미국 원주민들은 현저히 높은 유병률을 보인다. 아시아, 아프리카, 라틴아메리카 국가들에서는 0.1~0.8%에 이르는 낮은 유병률을 보인다. 여성이 남성보다 약 2:1의 비율로 많다. 성별에 따른 차이는 청소년기에 나타나기 시작하며, 14세 이전에 관찰된다. 공황발작은 아동들에게서도 나타나지만, 전반적인 공황장애의 유병률은 14세 미만에서는 낮다(<0.4%).

공황장애의 유병률은 청소년기, 즉 사춘기가 시작된 이후에, 특히 여성에게서 서서히 증가하며, 성인기에 가장 높다. 노년층에서는 유병률이 감소하는데(64세 이상 노인에서 0.7%), 이는 질병의 임상적 심각도의 감소로 인한 것으로 추정된다.

발달과 경과

미국에서 공황장애의 평균 발병 연령은 20~24세다. 일부에서는 아동기나 45세 이상에서 발병하기도 한다. 치료받지 않는 경우, 공황장애는 대개 만성적인 경과를 밟지만, 정도가 심할 때도 있고 저절로 나아지는 경우도 있다. 경우에 따라서 중간에 수년간 증상이 없다가 한 번씩 나타나는 사람들이 있는가 하면, 지속적으로 심한 증상을 보이는 사람들도 있다. 소수의 사람들의 경우, 수년간 증상 재발이 없는 완전 관해 상태가 되기도 한다. 공황장애의 경과는 다른 장애의 동반 여부에 따라 복잡해지는데, 특히 다른 특정 불안장애나 우울장애, 물질사용장애가 동반되는 경우가 그렇다("동반이환" 부분을 참조할 것).

공황장애 발생은 아동에게서는 매우 드물지만, 추후 되돌아보면 첫 번째 "공포발작fearful spells"의 발생은 흔히 아동기에 나타난다. 청소년기에 발생하는 공황장애는 만성적인 경과를 보이며, 흔히 다른 불안, 우울 · 양극성 장애와 동반된다. 청소년기와 성인기에서의 임상 양상의 차이는 아직 밝혀지지 않았다. 하지만 청소년들은 초기 성인기의 사람들에 비해 추가 발작에 대한 염려를 덜 한다. 노년층에서 공황장애 유병률이 낮은 것은 연령에 따른 자율신경계 반응의 감소와 관련된 것으로 보인다. 많은 노년층 사람들에게서 "공포스러운 느낌"이 관찰되는데, 이는 제한적인 공황발작과 전반적인 불안이 합쳐진 것처럼 보인다. 또한 노인들은 공황발작의 이유를 의학적 시술이나 사회적 상황 같은 스트레스 상황에서 찾는 경향이 있다. 노인들은 공황발작 당시에는 예기치 못했더라도(그래서 공황장애 진단을 만족하더라도) 나중에 발작의 원인을 찾아 설명하는 경향이 있다(따라서 공황장애 진단을 내리지 못하게 되는 경우가 있다). 이로 인해 예기치 못한 공황발작이 노년층에서는 적어 보일 수 있다. 따라서 노인들에게는 공황발작이 나타나기 전에 미리 예상되었는지 세심하게 물어보아야 하고, 그렇게 함으로써 예기치 못한 공황발작과 공황장애 진단을 간과하지 않을 수 있다.

아동에서 공황장애 유병률이 낮은 것은 증상 표현의 어려움으로 인한 것일 수 있다. 그러나 아이들도 분리나 공포 대상, 공포 상황에 대해 극심한 공포와 공황을 표현할 수 있다는 점에서 그 가능성은 떨어진다. 청소년의 경우, 성인에 비해 공황발작에 대해 터놓고 이야기하지 않으려는 경향이 있다. 따라서 청소년들에게서도 예기치 못한 공황발작이 성인들만큼 나타날 수 있으므로, 청소년이 극심한 공포와 고통을 나타내는 삽화를 경험하는 경우, 임상가는 적절히 대응해야 한다.

위험 및 예후 요인

기질적. 부정적 정동성negative affectivity(신경증적 경향성neuroticism, 부정적 감정을 더 잘 느끼는 성향)과 불안에 대한 민감도(불안 증상이 해로운 것이라고 믿는 성향)는 공황장애 자체에 대한 위험도는 밝혀지지 않았지만, 공황발작 발생의 위험요인이면서 공황에 대한 걱정을 하게 만드는 위험요인이기도 하다. "공포 발작"(제한된 증상의 발작으로 공황발작의 모든 진단기준을 만족시키지는 않는 경우)의 경험은 후에 공황발작이나 공황장애를 일으키는 위험요인이다. 아동의 분리불안장애가 특히 심한 경우에는 후에 공황장애가 나타나지만 이것을 위험요인이라고 보기는 어렵다.

환경적. 아동기의 성적 · 신체적 학대 경험은 다른 불안장애보다 공황장애에서 더 흔히 보고된다. 흡연은 공황발작과 공황장애의 위험요인이다. 대부분의 사람이 첫 번째 공황발작 발현 수개월 전에 선행하는 스트레스 요인을 보고한다(예, 대인관계 스트레스, 불법약물이나 처방약물, 질병, 가족의 죽음으로 인한 부정적 경험 같은 신체적 안녕과 관련된 스트레스).

유전적 · 생리적. 다양한 유전자가 공황장애 발생 위험에 기여한다. 하지만 정확한 유전자, 유전자의 산물, 유전자와 연관되는 기능은 확실히 알려져 있지 않다. 최근의 공황장애에 대한 신경계 모델에서는 편도체와 관련된 뇌 부위들을 중시하는데, 이는 다른 불안장애에서와 같다. 불안장애, 우울장애, 양극성장애 환자의 자녀들의 공황장애 발생 위험도는 높다. 예를 들면, 천식 같은 호흡기 장해를 동반하거나 과거력 또는 가족력이 있다면, 공황장애와 관련이 있다.

문화와 관련된 진단적 쟁점

불안 증상 중 정신적 · 신체적 증상에 대한 공포의 정도는 문화에 따라 다르다. 이는 공황발작과 공황장애의 비율에 영향을 미친다. 또한 문화적 기대가 공황발작이 예상되는 것과 예기치 못한 것으로 나누는 데 영향을 미칠 수 있다. 예를 들어, 바람 부는 환경에서 걷다가 공황발작을 경험한 베트남 사람들은 문화적 영향 때문에 공황발작을 트룽 기오^trúng gió^(바람에의 노출) 때문이라 생각하며, 공황발작을 예상되는 것으로 볼 것이다. 다양한 다른 문화적 행동양식이 공황장애와 연관되어 있는데, 여기에는 라틴아메리카 사람들의 아타케 데 네르비오스^ataque de nervios^(신경에의 공격)나 캄보디아 사람들의 키알^khyâl^ 발작 또는 "영혼 상실^soul loss^"이 포함된다. 아타케 데 네르비오스는 떨림, 조절할 수 없는 소리 지름이나 울음, 공격 또는 자살행동, 그리고 이인증과 비현실감을 포함하며, 전형적인 공황발작 시간인 수분보다는 조금 더 오래 경험한다. 아타케 데 네르비오스의 일부 임상적 특징은 공황발작이 아닌 다른 정신질환의 기준을 만족하기도 한다(예, 다른 특정 해리장애). 이런 증후군들은 공황장애를 예측할 수 있는지 여부를 포함해서 공황장애 증상과 빈도에 영향을 준다. 이는 문화적 증후군이 사람들 사이의 다툼(아타케 데 네르비오스와 연관된), 다양한 격렬한 신체활동(키알캡^khyâl cap^과 연관된), 바람이 부는 환경(트룽 기오 발작과 연관된)을 포함하는 특정 상황에 대한 공포를 조장하기 때문이다. 문화적인 영향을 명확히 하는 것은 예상된 발작과 예기치 못한 발작을 구별하기 위한 것이다. 문화적 증후군에 대한 더 많은 정보를 위해서는 DSM-5 부록에 있는 "고통의 문화적 개념 용어 해설"을 참조하기 바란다.

공황장애와 그 결과에 따른 특정한 걱정은 문화마다 다르다(그리고 연령별, 성별에 따라 다르다). 미국 지역사회에서는 비라틴계 백인들의 공황발작으로 인한 기능 손상이 흑인들에 비해 확연히 적다. 라틴계가 아닌 카리브해 미국인들은 공황장애의 심각도가 더 높은 반면, 아프리카계 미국인과 카리브해 미국인들의 공황장애 유병률은 낮다. 이는 아프리카계 미국인들은 증상 정도가 심하고, 기능 손상이 심한 경우에만 공황장애로 진단됨을 의미한다.

성별과 관련된 진단적 쟁점

공황장애의 임상적 특징은 남성과 여성이 크게 다르지 않다. 하지만 성별에 따라 유전적 다형성^dimorphism^이 있을 수 있는데, 여성에게서만 카테콜오메틸 전환효소 ^cathechol-O-methyltransferase^ (COMT) 유전자와 공황장애가 연관이 있다는 보고가 있다.

진단적 표지자

젖산나트륨^sodium lactate^, 카페인, 이소프로테레놀^isoproterenol^, 요힘빈^yohimbine^, 이산화탄소, 콜레시스토키닌^cholecystokinin^ 같은 다양한 물질은 건강한 대조군에 비해 공황장애 환자들에게서 훨씬 심한 정도로 공황발작을 유발한다(일부 보고에서는 공황발작이 없는 다른 불안, 우울 및 양극성 장애 환자들에 비해서도 더 심하게 유발한다). 또한 일부 공황장애 환자에서 공황발작은 수질의 이산화탄소 탐지 부위의 과민성과 연관이 있고, 이로 인해 저탄소증과 다른 호흡이상을 유발한다. 하지만 아직까지 검사실 연구를 통해 제시된 생물학적 소견들은 공황장애의 진단기준으로 고려되지 않는다.

자살 위험

지난 12개월간의 공황발작과 공황장애의 진단은 아동기 학대나 다른 자살 위험요인과의 병발을 고려하더라도 지난 12개월간의 자살시도와 자살생각의 높은 비율과 연관이 있다.

공황장애의 기능적 결과

공황장애는 사회적·직업적·신체적 장애, 상당한 경제적 부담, 불안장애 환자에서 잦은 클리닉 방문—광장공포증이 있는 경우가 가장 심하지만—과 상당한 연관성이 있다. 공황장애 환자들은 클리닉 또는 응급실을 찾기 위해 일 또는 학교를 빈번하게 빠지게 될 것이며, 이로 인해 해고당하거나 학교를 그만두게 될 수 있다. 노년층에서는 간병활동이나 자원봉사 활동의 손상으로 나타날 수 있다. 전형적인 공황발작은 제한적 공황발작에 비해 더 높은 의료시설 사용률, 더 심한 장애, 더 낮은 삶의 질과 연관이 있다.

감별진단

달리 명시된 또는 명시되지 않는 불안장애. 전형적인(예기치 못한) 공황발작이 1회도 없었다면, 공황장애로 진단할 수 없다. 제한적인(예기치 못한) 공황발작만 있는 경우에는 달리 명시된 불안장애나 명시되지 않는 불안장애의 진단이 고려되어야 한다.

다른 의학적 상태로 인한 불안장애. 공황발작이 다른 의학적 상태의 생리적 결과 때문이라고 판단된다면, 공황장애로 진단할 수 없다. 공황발작을 일으킬 수 있는 의학적 상태의 예로는 갑상선기능항진증, 부갑상선기능항진증, 갈색세포종, 전정기능부전, 발작장애, 심폐질환(예, 부정맥, 심실상성빈맥, 천식, 만성 폐쇄성 폐질환)을 들 수 있다. 적절한 검사실 검사(예, 부갑상선기능항진증 검사를 위한 혈청의 칼슘 수치, 부정맥 확인을 위한 홀터 검사Holter monitor) 또는 신체검진(예, 심장의 상태 확인)이 다른 의학적 상태가 원인이 되는지 확인하는 데 도움을 줄 것이다.

물질/약물치료로 유발된 불안장애. 공황발작이 물질로 인한 생리적 결과 때문이라고 판단된다면, 공황장애로 진단할 수 없다. 중추신경계 자극제(코카인, 암페타민, 카페인)나 대마에 취한 상태나 중추신경계 억제제(예, 술, 바비튜레이트) 금단은 공황발작을 유발할 수 있다. 하지만 공황발작이 물질 사용의 범주를 넘어서 지속된다면(예, 중독이나 금단에 의한 효과가 끝나고 한참 뒤까지 지속), 공황장애 진단을 고려해야 한다. 게다가 일부 공황장애는 물질사용에 선행하고 자가처방으로서 물질사용의 비율을 높이는 데 관여하기 때문에 물질사용 이전에 공황발작이 있었는지에 대한 상세한 문진이 요구된다. 만약 그렇다면, 물질사용장애와 함께 공황장애 진단도 고려해야 한다. 45세 이후에 발생하는 경우 또는 공황발작 중 비전형적 증상(예, 현훈, 의식 상실, 방광이나 장 조절 실패, 불분명한 언어, 기억상실)을 보이는 경우는 다른 의학적 상태나 물질이 공황발작 증상을 일으켰을 가능성을 시사한다.

부수적 특징으로서 공황발작을 동반한 기타 정신질환(예, 기타 불안장애와 정신병적 장애). 공황발작이 다른 불안장애에서 예상되는 증상으로 인해 발생(예, 사회불안장애에서 사회적 상황에 의해 유발되거나, 특정공포증이나 광장공포증에서 특정 공포 대상이나 상황 때문에 유발되는 경우, 범불안장애에서 걱정이나 분리불안장애에서 애착 대상이나 집에서 분리되는 것 때문에 유발되는 경우)하게 되면, 공황장애 진단을 내릴 수 없다(**주의점**: 때로 예기치 못한 공황발작은 다른 불안장애 발병 시에도 나타날 수 있다. 이 경우, 발작은 추후 예상 가능한 것이 된다. 반면, 공황장애에서는 반복적으로 예기치 못한 발작이 있어야 한다). 만약 공황발작이 특정 유발요인에 의해서만 발생한다면, 그와 관련된 불안장애로 진단되어야 한다. 하지만 만약 예기치 못한 공황발작이 있고 그로 인해 지속적인 걱정과 염려, 행동상의 변화가 있다면, 추가로 공황장애 진단을 고려해야 한다.

동반이환

공황장애는 다른 정신병리가 없다면 치료실 상황에서는 잘 일어나지 않는다. 공황장애의 유병률은 다른 질환, 특히 다른 불안장애(특히 광장공포증), 주요우울증, 양극성장애, 경도 알코올사용장애가 있을 때 높아진다. 공황장애가 다른 동반질환보다 대체로 일찍 발병하지만, 때로 동반질환 이후에 발생하기도 한다. 이런 경우, 동반질환의 심각성을 고려해야 한다.

공황장애 환자에서 일생 동안 주요우울장애와의 동반이환률은 10~65%까지 다양하게 보고되고 있다. 두 장애를 모두 지닌 사람들의 약 1/3은 우울증이 공황장애보다 선행한다. 나머지 2/3는 우울증이 공황장애와 함께 발생하거나, 공황장애 발병 뒤에 나타난다. 일부 공황장애 환자들에게는 물질관련장애가 발생한다. 이는 불안을 알코올이나 다른 치료약물로 조절하려는 시도에서 비롯된다. 다른 불안장애나 질병불안장애도 흔히 동반이환된다.

공황장애는 다양한 일반적 의학적 증상이나 상태와 동반이환된다(예, 어지럼증, 부정맥, 갑상선기능항진증, 천식, 만성 폐쇄성 폐질환, 과민성 대장증후군 등). 하지만 공황장애와 이러한 의학적 상태들과의 본질적인 연관성(원인과 결과)은 밝혀지지 않았다. 승모판 탈출증과 갑상선 질병은 일반인구에 비해 공황장애 환자들 사이에서 더 흔히 발생하지만, 유병률의 차이는 일정하게 보고되고 있지 않다.

공황발작 명시자
Panic Attack Specifier

주의점: 증상은 공황발작을 확인하기 위한 목적으로 기술되었다. 하지만 공황발작은 정신질환이 아니기 때문에 부호화될 수 없다. 공황발작은 다른 불안장애나 다른 정신질환(예, 우울장애, 외상후 스트레스장애, 물질사용장애), 그리고 몇몇 의학적 상태(예, 심장성, 호흡기성, 전정기관성, 소화기관성)에서 나타날 수 있다. 만약 공황발작이 확인된다면, 이런 경우 명시자로서 표현해야 한다(예, 공황발작 동반 외상후 스트레스장애). 공황장애에 있어서 공황발

작은 진단기준에 포함되기 때문에 특정 양상으로 기술되지 않는다.
공황발작은 극심한 공포와 고통이 갑작스럽게 발생하여 수분 이내에 최고조에 이르러야 하며, 그 시간 동안 다음 중 4가지 이상의 증상이 나타난다.

주의점: 갑작스러운 증상의 발생은 차분한 상태나 불안한 상태에서 모두 나타날 수 있다.

1. 심계항진, 가슴 두근거림 또는 심장 박동 수의 증가
2. 발한
3. 몸이 떨리거나 후들거림
4. 숨이 가쁘거나 답답한 느낌
5. 질식할 것 같은 느낌
6. 흉통 또는 가슴 불편감
7. 메스꺼움 또는 복부 불편감
8. 어지럽거나 불안정하거나 멍한 느낌이 들거나 쓰러질 것 같음
9. 춥거나 화끈거리는 느낌
10. 감각이상(감각이 둔해지거나 따끔거리는 느낌)
11. 비현실감(현실이 아닌 것 같은 느낌) 혹은 이인증(나에게서 분리된 느낌)
12. 스스로 통제할 수 없거나 미칠 것 같은 두려움
13. 죽을 것 같은 공포

주의점: 문화 특이적 증상(예, 이명, 목의 따끔거림, 두통, 통제할 수 없는 소리 지름이나 울음)도 보일 수 있다. 이러한 증상들은 위에서 요구된 4가지 증상에는 포함되지 않는다.

특징

공황발작의 핵심적인 특징은 극심한 공포와 고통이 갑작스럽게 발생하여 수분 이내에 최고조에 이르러야 하며, 그 시간 동안 13가지 신체적·인지적 증상 중 4가지 이상의 증상이 나타나는 것이다. 13가지 증상 중 11가지는 신체적이며(예, 빈맥, 발한), 나머지 2가지는 인지적이다(스스로 통제할 수 없거나 미칠 것 같은 두려움, 죽을 것 같은 공포). "미칠 것 같은 공포"는 공황발작이 있는 사람들이 자주 쓰는 일상적인 표현이고, 경멸적이거나 진단적인 어휘로 쓰인 것은 아니다. "수분 이내"라는 용어는 문자 그대로 증상이 최대한 악화되는 데 몇 분밖에 걸리지 않음을 뜻한다. 공황발작은 차분한 상태 혹은 불안한 상태에서 모두 나타날 수 있고, 최대

강도로 나타나는 시간은 선행하는 불안과는 별개로 측정되어야 한다. 다시 말해서, 공황발작의 시작은 불안이 첫 번째 발생한 시점이 아니라, 급작스러운 고통의 증가가 발생하는 시점을 뜻한다. 마찬가지로, 공황발작은 불안한 상태나 차분한 상태로 돌아올 수 있고, 다시 악화될 수도 있다. 공황발작은 다음과 같은 점에서 지속되는 불안과 구별되어야 한다. 최대치에 다다르는 데 몇 분밖에 걸리지 않는다는 점, 별개의 본질, 전형적으로 극심한 심각도, 다른 모든 진단기준을 만족하지만 4가지 이하의 신체적 혹은 인지적 증상을 보일 때는 제한적 증상발작 limited-symptom attacks 이라고 한다.

공황발작에는 2가지 유형이 있다. 즉, 예상되는 공황발작과 예기치 못한 공황발작이다. 예상되는expected 공황발작은 공황발작이 전형적으로 일어나는 분명한 계기나 유발요인이 있는 경우를 뜻한다. 예기치 못한unexpected 공황발작은 발작이 시작할 때 분명한 계기나 유발요인이 없는 경우를 뜻한다(예, 쉬고 있거나 자고 있을 때 [야간 공황발작] 발생하는 경우). 공황발작이 예상되는 것인지 혹은 예기치 못한 것인지는 임상가가 판단한다. 임상가는 발작 전 일련의 사건에 대해, 그리고 개인이 아무 이유 없이 발작이 발생했다고 판단하는지 여부에 대해 상세히 물어봐서 진단적 판단을 내리게 된다. 문화적 해석 역시 예상되는 발작인지, 혹은 예기치 못한 발작인지 판단하는 데 영향을 미친다. 문화 특이적 증상들(예, 이명, 목 따끔거림, 두통, 통제할 수 없는 소리 지름이나 울음)도 보일 수 있다. 하지만 이러한 증상들은 진단 충족을 위해 필요한 4가지 증상에는 포함되지 않는다. 공황발작은 다른 정신질환(예, 불안장애, 우울장애, 양극성장애, 섭식장애, 강박 및 관련 장애, 성격장애, 정신병적 장애, 물질사용장애) 또는 다른 의학적 상태(예, 심장, 호흡기, 전정기관, 소화기관 상태)에서도 나타날 수 있지만, 대부분의 경우 공황장애 진단을 만족하지 않는다. 반복적으로 예기치 못한 공황발작이 나타나는 것이 공황장애 진단에 필요하다.

부수적 특징

예기치 못한 공황발작의 한 가지 유형은 야간 공황발작(자다가 공황 상태에서 깨는 것)으로, 이는 완전히 잠에서 깬 뒤에 공황 상태에 이르는 것과 다르다. 공황발작은 다른 동반질환과 자살 위험요인을 고려하더라도 높은 자살시도와 자살사고와 관련이 있다.

유병률

미국 성인에서 일반 인구의 12개월 공황발작 유병률은 11.2%다. 아프리카계 미국인, 아시아계 미국인, 라틴계에서 12개월 유병률에 명확한 차이가 있는 것은 아니다. 유럽 국가들에서는 12개월 유병률이 2.7%에서 3.3%로 좀 더 낮게 측정된다. 공황장애에서 그 차이가 더 크기는 하지만, 공황발작도 여성이 남성보다 더 많다. 아동의 경우, 공황발작이 나타날 수 있지만 사춘기까지는 드물며, 사춘기 이후에 유병률이 증가한다. 노년층의 경우, 유병률이 감소하는데, 이는 임상적인 심각도가 저하되기 때문이라 할 수 있다.

발달과 경과

미국 성인에서 공황발작의 평균 연령은 대략 22~23세다. 하지만 질병의 경과는 다른 동반이환된 정신질환과 스트레스 사건의 영향을 받는 것으로 보인다. 사춘기 이전 아동의 경우, 공황발작은 흔하지 않고, 특히 예기치 못한 공황발작은 드물다. 청소년들은 극심한 공포와 고통을 경험하더라도 성인에 비해 공황발작에 대해 터놓고 이야기하지 않으려고 한다. 노년층에서 공황발작의 유병률이 낮은 것은 아마도 젊은 층에 비해 감정 상태에 따른 자율신경계의 반응이 약하기 때문인 것으로 생각된다. 노년층에서는 공황발작에 대해 '공포fear'라고 표현하기보다 '고통discomfort'이라고 표현하는 경향이 있다. '공포스러운 느낌panicky feelings'을 경험하는 노년층은 아마도 제한적 공황발작과 범불안 증상을 함께 경험할 것이다. 게다가 노인들은 공황발작을 스트레스 사건(예, 의학적 시술, 사회적 상황) 때문이라고 보려는 경향이 강하다. 따라서 예기치 못한 발작이 있더라도 나중에라도 그 원인을 설명하려는 경향이 있다. 이로 인해 노년층에서는 예기치 못한 공황발작이 낮게 보고된다.

위험 및 예후 요인

기질적. 부정적 정동성negative affectivity(신경증적 경향성neuroticism, 부정적 감정을 더 잘 느끼는 성향)과 불안에 대한 민감도(불안 증상이 해로운 것이라고 믿는 경향)는 공황발작이 시작되는 위험요인이다. "공포발작"(제한된 증상의 발작으로 공황발작의 모든 진단기준을 만족시키지는 않는 경우)의 경험은 후에 공황발작이나 공황장애를 일으키는 위험요인이다.

환경적. 흡연은 공황발작의 위험요인이다. 대부분의 사람들이 첫 번째 공황발작 몇 달 전에 선행하는 스트레스 요인을 보고한다(예, 대인관계 스트레스, 불법약물이나 처방약물 · 질병 · 가족의 죽음으로 인한 부정적 경험과 같은 신체적 안녕과 관련된 스트레스).

문화와 관련된 진단적 쟁점

문화적 해석이 공황발작을 예상할 수 있는 것과 예기치 못한 것으로 구분하는 데 영향을 미칠 수 있다. 문화 특이적 증상들(예, 이명, 목의 따가움, 두통, 통제할 수 없는 소리 지름이나 울음)도 보인다. 하지만 이런 증상들은 진단에 필수적인 4가지 증상에는 포함되지 않는다. 13가지 증상의 빈도는 문화에 따라 다양하다(예, 아프리카계 미국인들은 감각이상의 빈도가 높고, 일부 아시아계 미국인들은 어지럼증의 빈도가 높다). 문화적 증후군도 문화에 따라 다른 공황발작의 표현을 보여 주며, 다른 문화 집단마다 다른 증상 프로파일을 보인다. 예를 들어, 캄보디아의 문화적 증후군인 키알캡을 들 수 있는데, 여기에는 어지럼증, 이명, 목 따끔거림이 나타난다. 베트남의 문화증후군인 트룽기오에서는 두통이 동반된다. 라틴아메리카의 문화증후군인 아타케 데 네르비오스에는 떨림, 조절할 수 없는 소리 지름이나 울음, 공격적인 행동이나 자살행동, 그리고 이인증과 비현실감을 포함하며, 공황발작에서 전형적인 시간인 수분에 비해 더 길게 경험한다. 몇 가지 아타케 데 네르비오스의 임상적 증상들은 공황발작이 아닌 다른 질환에 들어맞을 수 있다(예, 다른 특정 해리장애). 문화적 기대가 공황발작을 예상할 수 있는 것과 예기치 못한 것으로 나누는 데 영향을 미칠 수 있다. 이는 문화적 증후군이 사람들 사이의 다툼(아타케 데 네르비오스와 연관된), 다양한 격렬한 신체활동(키알캡과 연관된), 바람이 부는 환경(트룽기오 발작과 연관된)을 포함하는 특정 상황에 대한 공포를 조장하기 때문이다. 문화적인 영향을 명확히 하는 것은 예상된 발작과 예기치 못한 발작을 구별하기 위한 것이다. 문화증후군에 대한 더 많은 정보를 위해서는 [DSM-5] 부록의 "고통의 문화적 개념 용어 해설"을 참조하기 바란다.

성별과 관련된 진단적 쟁점

공황발작은 여성이 남성보다 더 흔하다. 하지만 공황발작의 증상의 임상적 특징은 남녀 간에 차이가 없다.

진단적 표지자

자연적으로 발생하는 공황장애에서의 공황발작의 생리적 특징은 갑작스러운 신체의 각성으로, 주로 심장 박동 수가 수분 내에 최고에 도달했다가 수분 내로 다시 호전되며, 이런 경우 많은 수에서 심폐 불안정이 선행되는 것이다.

공황발작의 기능적 결과

불안장애, 우울장애, 양극성장애, 물질사용장애, 정신병적 장애, 그리고 성격장애처럼 동반이환되는 정신질환을 고려할 때, 공황발작은 높은 심각도, 높은 동반이환률과 자살률, 낮은 치료 반응과 연관성이 있다. 또한 전형적인 공황발작은 제한적 증상발작에 비해 더 많은 문제를 일으킨다(예, 더 많이 의학적 치료를 받고, 더 많은 장애와 연관되고, 더 낮은 삶의 질과 연관된다).

감별진단

기타 발작성 삽화(예, 분노발작). 극도의 공포와 고통이 공황발작 삽화 중에 갑작스럽게 다가오는 핵심적 특징이 나타나는 것이 아니라, 다른 감정 상태 때문에 나타날 때에는 공황발작이라고 진단해서는 안 된다(예, 분노공격, 슬픔).

다른 의학적 상태로 인한 불안장애. 공황발작을 유발하거나 공황발작으로 잘못 진단될 수 있는 내과적 질환으로는 갑상선기능항진증, 부갑상선기능항진증, 갈색세포종, 전정 기능부전, 발작장애, 그리고 심폐질환(예, 부정맥, 심실상성빈맥, 천식, 만성 폐쇄성 폐질환)을 들 수 있다. 적절한 혈액검사(예, 부갑상선기능항진증에서 혈청 칼슘 농도, 부정맥에서 홀터 검사)나 신체검진(예, 심장질환)은 다른 의학적 상태로 인한 원인적 역할 규명에 도움이 된다.

물질/약물치료로 유발된 불안장애. 중추신경계 자극제(코카인, 암페타민, 카페인), 대마에 취한 상태나 중추신경계 억제제(예, 술, 바비튜레이트) 금단은 공황발작을 유발할 수 있다. 따라서 물질사용 이전에 공황발작이 있었는지 상세하게 물어야 한다. 45세 이후에 발생하는 경우 또는 공황발작 중 비전형적 증상(예, 현기증, 의식상실, 방광이나 장 조절 실패, 불분명한 언어, 기억상실)을 보이는 경우는 다른 의학적 상태나 물질이 공황발작 증상을 일으켰을 가능성을 시사한다.

공황장애. 예기치 못한 공황발작이 반복적으로 나타나는 것이 공황장애 진단기준의 필수요건은 아니다(다른 진단기준도 모두 만족해야 공황장애라고 진단할 수 있다).

동반이환

공황발작은 불안장애, 우울장애, 양극성장애, 충동조절장애, 물질사용장애처럼 다양한 정신질환과 연관된 경우가 많다. 공황발작은 나중에 발생하는 다른 불안장애, 우울장애, 양극성장애, 그리고 다른 장애들과 연관이 있다.

광장공포증
Agoraphobia

진단기준 300.22 (F40.00)

A. 다음 5가지 상황 중 2가지 이상의 경우에서 극심한 공포와 불안을 느낀다.

1. 대중교통을 이용하는 것(예, 자동차, 버스, 기차, 배, 비행기)
2. 열린 공간에 있는 것(예, 주차장, 시장, 다리)
3. 밀폐된 공간에 있는 것(예, 상점, 공연장, 영화관)
4. 줄을 서 있거나 군중 속에 있는 것
5. 집 밖에 혼자 있는 것

B. 공황 유사 증상이나 무능력하거나 당혹스럽게 만드는 다른 증상(예, 노인에서 낙상에 대한 공포, 실금에 대한 공포)이 발생했을 때 도움을 받기 어렵거나 그 상황에서 벗어나기 어려울 것이라는 생각 때문에 그런 상황을 두려워하고 피한다.

C. 광장공포증 상황은 거의 대부분 공포와 불안을 야기한다.

D. 광장공포증 상황을 피하거나, 동반자를 필요로 하거나, 극도의 공포와 불안 속에서 견딘다.

E. 광장공포증 상황과 그것의 사회문화적 배경을 고려할 때 실제로 주어지는 위험에 비해 공포와 불안의 정도가 극심하다.

F. 공포, 불안, 또는 회피 반응은 전형적으로 6개월 이상 지속된다.

G. 공포, 불안, 또는 회피가 사회적, 직업적, 또는 다른 중요한 기능 영역에서 임상적으로 현저한 고통이나 손상을 초래한다.

H. 만약 다른 의학적 상태(예, 염증성 장질환, 파킨슨병)가 동반된다면, 공포, 불안, 또는 회피 반응이 명백히 과도해야만 한다.

I. 공포, 불안, 또는 회피가 다른 정신질환으로 더 잘 설명되지 않는다. 예를 들어, 증상이 특정공포증의 상황 유형에 국한되어서는 안 된다. (사회불안장애에서처럼) 사회적 상황에서만 나타나서는 안 된다. (강박장애에서처럼) 강박사고에만 연관되거나 (신체이형장애에서처럼) 신체 외형의 손상이나 훼손에만 연관되거나, (외상후 스트레스장애에서처럼) 외상 사건을 기억하게 할 만한 사건에만 국한되거나, (분리불안장애에서처럼) 분리에 대한 공포에만 국한되어서는 안 된다.

주의점: 광장공포증은 공황장애 유무와 관계없이 진단된다. 만약 공황장애와 광장공포증의 진단기준을 모두 만족한다면 2가지 진단이 모두 내려져야 한다.

진단적 특징

광장공포증의 본질적 특징은 다양한 상황에 실제로 노출되거나 노출이 기대되는 상황에서 유발되는 현저한, 극도의 공포와 불안이다(진단기준 A). 진단기준을 만족하려면 다음의 5가지 상황 중에서 적어도 2가지 이상의 경우에서 증상이 발현되어야 한다(① 자동차, 버스, 기차, 선박 혹은 비행기 같은 대중교통을 이용하는 상황, ② 주차장, 시장, 다리와 같은 열린 공간에 있는 것, ③ 상점, 공연장, 영화관 같은 밀폐된 공간에 있는 것, ④ 줄을 서 있거나 군중 속에 있는 것, ⑤ 집 밖에 혼자 나와 있는 상황). 이 각각 상황에만 국한된 것이 아니라 다른 상황도 두려워할 수 있다. 이러한 상황이 발단이 되어 공포와 불안을 경험하게 되면, 전형적으로 어떤 끔찍한 일이 발생할 것이라는 생각을 하게 된다(진단기준 B). 사람들은 흔히 공황 유사 증상이나 그들을 무능력하게 느끼게 만드는 다른 증상이나 당혹스러운 증상을 경험할 때, 그러한 상황에서 벗어나기가 힘들 것이라고 믿거나(예, "여기서 벗어날 수 없어."), 도움을 받을 수 없을 것이라고 믿는다(예, "나를 도와줄 사람이 아무도 없어."). 어지럼증, 기절할 것 같은 느낌, 죽는 것에 대한 공포처럼 공황발작에 포함된 13가지 증상 중 어느 하나라도 있을 때, "공황 유사 증상"이라고 할 수 있다. "무능력하게 느끼게 만드는 다른 증상이나 당혹스러운 증상"은 토하거나 염증성 장질환, 노인층에서의 낙상에 대한 공포, 아동에서 방향 감각을 잃고 길을 잃는 것을 포함한다.

공포의 정도는 공포 상황에의 접근 정도에 따라 다양하다. 실제로, 광장공포증은 광장공포 상황이 일어날 것이라는 예상만으로도 발생할 수 있다. 또한 공포와 불안은 전형적인 공황발작이나 제한적 공황발작의 형태로 나타날 수 있다(예상되는 공황발작). 공포와 불안은 개인이 두려워하는 상황에서는 거의 항상 나타난다(진단기준 C). 따라서 광장공포 상황에서 때때로만 불안해하는 사람(예, 줄을 서 있던 5회 가운데 단지 1회만 불안해한 사람)은 광장공포증으로 진단할 수 없다. 능동적으로 광장공포증의 상황을 피하거나, 만약 그럴 수 없다면 극도의 공포와 불안 속에 견딘다(진단기준 D). 능동적 회피active avoidance란 광장공포 상황을 최소화하거나 예방하기 위한 방법으로 의도적인 행동을 하는 것을 의미한다. 회피는 행동적인 것일 수도 있고(예, 일상을 바꾸거나, 대중교통을 사용할 필요가 없는 직업을 구하거나, 상점 또는 슈퍼마켓에 가는 것을 피하기 위해 음식 배달을 시키는 것) 인지적인 것일 수도 있다(예, 광장공포 상황에서 빠져나오기 위해 주의를 다른 곳에 쏟는 것). 회피가 너무 심한 경우, 개인은 집에서만 지내기도 한다. 흔히 동반자, 친구, 혹은 건강 전문가가 있는 상황에서는 공포 상황을 잘 견딘다.

광장공포증 상황과 그것의 사회문화적 배경을 고려할 때, 실제로 주어지는 위험에 비해 공포와 불안의 정도가 극심하다(진단기준 E). 임상적으로 현저한 광장공포증을 다른 합리적인 공포(예, 폭풍우가 심할 때 집을 떠나 있는 것)나 다른 위험한 상황(범죄 발생률이 높은 곳에서 주차장을 걸어가거나 대중교통을 이용하는 것)과의 구별은 여러 이유에서 중요하다. 첫째, 무엇이 회피를 유발하는지는 사회문화적 상황에 따라 판단할 필요가 있다(예, 권위적인 무슬림 사회에서 여성이 집 밖에 혼자 나서는 것을 피하는 것은 사회문화적으로 적절한 것이기 때문에 이러한 회피를 광장공포증의 증상으로 보아서는 안 된다). 둘째, 노인들은 공포를 자신들의 나이와 연관된 제한점으로 보기 때문에 공포가 실제 위험보다 극심하다고 판단하지 않는 경향이 있다. 셋째, 광장공포증 환자들은 공황 유사 증상이나 다른 신체 증상과 관련된 위험을 과대평가하는 경향이 있다. 광장공포증은 공포, 불안, 회피가 지속될 때만 진단할 수 있고(진단기준 F), 그것이 사회적, 직업적, 또는 다른 중요한 기능 영역에서 임상적으로 현저한 고통이나 손상을 초래할 때 진단할 수 있다(진단기준 G). '전형적으로 6개월 이상'의 기간은 짧게 존재하는 일시적인 문제를 배제하기 위한 기준이다. 하지만 기간의 기준은 일반적인 것으로, 어느 정도 융통성이 있다.

진단을 뒷받침하는 부수적 특징

가장 심한 형태의 광장공포증은 개인을 전적으로 집에만 있게 하고, 집 밖에 못 나오게 해서 기본 욕구 충족을 위해서는 다른 사람의 도움에 의존하게 하는 상태다. 사기 저하, 우울 증상 및 부적절한 자가처방 전략으로 알코올이나 진정제의 사용이 흔히 동반된다.

유병률

매년 1.7%의 청소년과 성인이 광장공포증으로 진단받는다. 여성의 경우, 남성보다 2배 정도 더 광장공포증으로 진단받는다. 광장공포증은 아동에게서도 발생할 수 있지만, 청소년기 후기나 성인기 초기에 발병률이 가장 높다. 65세 이상 노년층에서 12개월 유병률은 0.4%다. 유병률이 문화/인종에 따라 크게 다르지는 않다.

발달과 경과

광장공포증 환자에서 광장공포의 발병에 선행하는 공황발작이나 공황장애는 지역사회에서 30% 정도로, 임상에서는 50% 정도까지 보고된다. 공황장애 환자들의 대부분이 불안 증상이나 광장공포증을 공황장애 발병 전에 보인다.

광장공포증의 2/3에서 첫 발병은 35세 이전에 일어난다. 청소년기 후기나 성인기 초기에 상당수 발병하고, 40대 이후에 두 번째로 높은 유병률을 보인다. 아동에게서 처음 발병하는 경우는 드물다. 전반적인 광장공포증의 평균 발병 연령은 17세다. 공황발작이나 공황장애가 선행하지 않는 경우의 평균 발병 연령은 25~29세다.

광장공포증의 경과는 대개 지속적이고 만성적이다. 광장공포증은 치료를 받더라도 완전관해는 드물다(10%). 광장공포증 정도가 심할수록 완전관해율은 감소하고, 재발과 만성화율은 증가한다. 특히, 다른 불안장애나 우울장애, 물질사용장애, 성격장애와 같은 다른 장애의 정도가 광장공포증의 경과에 영향을 미칠 수 있다. 광장공포증의 장기 경과와 결과는 추후 발생하는 주요우울장애, 지속성 우울장애(기분부전증), 물질사용장애의 발생 위험을 높인다.

공포, 불안, 회피를 일으키는 광장공포 상황의 유형과 인지 유형은 다양할 수 있다. 그러나 광장공포증의 임상적 특징은 일생에 걸쳐 비교적 일관적이다. 예를 들어, 아동의 경우, 집 밖에 혼자 나가는 것이 가장 흔한 공포 상황이라면, 노년층에서는 상점에 있거나 줄을 서거나 열린 공간에 있는 것이 가장 흔한 공포 상황이다. 주로 길을 잃는 것(아동)이나, 공황 유사 증상을 경험하는 것(성인)이나, 넘어지는 것(노년)과 관련된 공포가 흔하다.

아동의 광장공포증 유병률이 낮은 것은 증상 보고의 어려움으로 인한 것일 수 있다. 그러므로 어린 아동을 평가할 때에는 부모, 교사 등 다양한 정보원으로부터 정보를 수집해야 한다. 청소년, 특히 남자 청소년은 광장공포증의 불안과 회피에 대해 터놓고 이야기하지 않으려는 경향이 있다. 하지만 광장공포증은 성인기 이전에 발병할 수 있으므로, 아동이나 청소년들도 평가해야 한다. 노년층에서는 동반된 신체증상장애와 운동장애(예, 넘어지는 느낌이나 의학적 병발)를 그들의 공포와 회피의 이유로 자주 이야기한다. 이런 경우, 그러한 공포와 회피가 실제 위험보다 극심한지 여부를 평가하는 것이 중요하다.

위험 및 예후 요인

기질적. 행동 억제와 신경증적 성향(부정적 정동성[신경증적 경향성]과 불안 민감도)은 광장공포증과 밀접하게 연관되어 있으나, 대부분 불안장애(공포장애, 공황장애, 범불안장애)와도 연관되어 있다. 높은 불안 민감도(불안 증상이 위험할 것이라고 믿는 성향)는 광장공포증 환자들의 성격 특징이다.

환경적. 아동기의 부정적 사건(예, 분리, 부모의 죽음)과 공격받거나 강도를 당하는 것 같은 다른 스트레스 사건은 광장공포증의 발병과 연관이 있다. 또한 광장공포증 환자들은 집안 분위기나 양육 방식에 있어 따뜻함이 덜하거나 과잉보호적이라는 보고가 많다.

성별과 관련된 진단적 쟁점

여성들은 남성과 다른 동반장애의 유형을 보인다. 이 중 지속적으로 보고되는 사항은 남성의 경우, 물질사용장애의 발병률이 높다는 것이다.

광장공포증의 기능적 결과

광장공포증은 역할수행, 일의 효율성, 일을 못하는 날 등 상당한 손상, 장애와 연관된다. 광장공포의 심각도는 공황장애, 공황발작, 다른 동반 증상의 여부와 관계없이 무능력의 정도를 결정하는 강력한 요인이다. 광장공포증 환자의 1/3 이상이 거의 집에만 있고 일을 할 수가 없다.

감별진단

광장공포증의 공포, 불안, 회피가 다른 질환에 기여하는 것이 아니라면, 광장공포증 진단기준과 다른 질환의 진단기준이 모두 만족되는 경우, 2가지 진단을 모두 내려야 한다. 진단기준을 중시하고 임상적 판단을 내리는 것이 도움이 된다.

상황형 특정공포증. 경우에 따라서는 광장공포증과 상황형 특정공포증을 구별하기 어렵다. 이유는 2가지 경우가 몇 가지 증상 특징과 진단기준을 공유하기 때문이다. 상황형 특정공포증은 공포, 불안, 회피가 광장공포 상황 한 가지에만 국한된 경우에 진단한다. 2가지 이상의 광장공포 상황에서 공포를 느끼는 것으로 광장공포증과 특정공포증, 특히 상황형을 대략 구분할 수 있다. 다른 감별 특징으로 인지적 관념을 들 수 있다. 따라서 만약 공포의 원인이 공황 유사 증상이나 무능력하게 만들거나 당황스러운 다른 증상 때문이 아니라면(예, 비행을 두려워하는 사람이 비행기 충돌을 두려워하는 것처럼 상황 자체에 의해 위해를 받을 것이라는 공포), 특정공포증으로 진단하는 것이 더 적절하다.

분리불안장애. 분리불안장애는 인지적 관념을 평가함으로써 광장공포증과 구별될 수 있다. 분리불안장애에서 생각은 중요한 대상이나 가정환경(부모나 다른 애착 대상)과의 분리에 집중되나, 광장공포증에서는 공포 상황에서의 공황 유사 증상이나 무능력하게 만들거나 당황스러운 다른 증상에 집중된다.

사회불안장애(사회공포증). 광장공포증은 우선적으로 공포, 불안, 회피를 유발하는 상황들과 인지적 관념에 따라 사회불안장애와 구별된다. 사회불안장애에서 중요한 것은 부정적으로 평가받는 것이다.

공황장애. 공황장애 진단기준을 만족하는 경우 또는 공황발작과 연관된 회피행동이 2가지 이상의 광장공포 상황까지 유발하는 것이 아니라면, 광장공포증으로 진단할 수 없다.

급성 스트레스장애와 외상후 스트레스장애. 급성 스트레스장애와 외상후 스트레스장애(PTSD)는 공포, 불안, 회피가 외상 사건을 떠올리게 하는 상황에만 연관되어 있는지를 평가함으로써 광장공포증과 구별할 수 있다. 만약 공포, 불안, 회피가 외상 사건을 떠올리게 하는 상황에만 국한되어 있고, 회피행동이 2가지 이상의 광장공포 상황에서 유발되지 않는다면, 광장공포증으로 진단할 수 없다.

주요우울장애. 주요우울장애 환자는 무감동 또는 에너지 결핍, 낮은 자존감 또는 무쾌감증 때문에 집 떠나는 것을 피한다. 만약 이런 회피 반응이 공황 유사 발작이나 다른 무능력하게 만들거나 당황스럽게 만드는 증상과 무관한 것이라면, 광장공포증 진단이 내려져서는 안 된다.

기타 의학적 상태. 만약 의학적 상태로 인한 생리적 결과로 어떤 상황을 피하는 것이라고 판단된다면, 광장공포증으로 진단할 수 없다. 그러한 판단은 병력, 신체검진, 검사 소견을 기반으로 내려져야 한다. 다른 연관된 의학적 상태로는 운동장애와 연관된 신경퇴행성 질환(예, 파킨슨병, 다발성 경화증), 심혈관계 질환 등이 있다. 특정 의학적 상태 환자들은 무능력해질 수 있는 상황(예, 일과성 허혈성 발작에서 기절하는 것), 당황할 수 있는 상황(예, 크론병Crohn's disease에서 설사하는 것)에 대한 합리적인 걱정 때문에 상황을 회피한다. 광장공포증은 공포나 회피가 연관된 의학적 상태에 비해 과도할 때에만 진단할 수 있다.

동반이환

광장공포증 환자의 대부분은 다른 정신질환도 가지고 있다. 가장 흔한 동반이환

장애로는 다른 불안장애(예, 특정공포증, 공황장애, 사회불안장애), 우울장애(주요우울장애), 외상후 스트레스장애, 알코올사용장애가 있다. 다른 불안장애(예, 분리불안장애, 특정공포증, 공황장애)는 주로 광장공포증에 선행하는 데 반해, 우울장애나 물질사용장애는 광장공포증 이후에 발생한다.

범불안장애
Generalized Anxiety Disorder

진단기준 **300.02 (F41.1)**

A. (직장이나 학업과 같은) 수많은 일상활동에 있어서 지나치게 불안해하거나 걱정(우려하는 예측)을 하고, 그 기간이 최소한 6개월 이상으로 그렇지 않은 날보다 그런 날이 더 많아야 한다.
B. 이런 걱정을 조절하기 어렵다고 느낀다.
C. 불안과 걱정은 다음의 6가지 증상 중 적어도 3가지 이상의 증상과 관련이 있다(지난 6개월 동안 적어도 몇 가지 증상이 있는 날이 없는 날보다 더 많다).

주의점: 아동의 경우 한 가지 증상만 만족해도 된다.

1. 안절부절못하거나 낭떠러지 끝에 서 있는 느낌
2. 쉽게 피곤해짐
3. 집중하기 힘들거나 머릿속이 하얗게 되는 것
4. 과민성
5. 근육의 긴장
6. 수면교란(잠들기 어렵거나 유지가 어렵거나 밤새 뒤척이면서 불만족스러운 수면 상태)

D. 불안, 걱정, 혹은 신체 증상이 사회적, 직업적, 또는 다른 중요한 기능 영역에서 임상적으로 현저한 고통이나 손상을 초래한다.
E. 장해가 물질(예, 남용약물, 치료약물)의 생리적 효과나 다른 의학적 상태(예, 갑상선기능항진증)로 인한 것이 아니다.
F. 장해가 다른 정신질환으로 더 잘 설명되지 않는다(예, 공황장애에서 공황발작을 일으키는 것, 사회불안장애[사회공포증]에서 부정적 평가, 강박장애에서 오염이나 다른 강박사고, 분리불안장애에서 애착 대상과의 분리, 외상후 스트레스장애에서 외상 사건을 상기시키는 것, 신경성 식욕부진증에서 체중 증가, 신체증상장애에서 신체적 불편, 신체이형장애에서

지각된 신체적 결점, 질병불안장애에서 심한 질병, 조현병이나 망상장애에서 망상적 믿음의 내용에 대해 불안해하거나 걱정하는 것).

진단적 특징

범불안장애의 핵심적인 특징은 수많은 사건이나 활동에 대한 과도한 불안과 걱정(우려하는 예측)이다. 불안과 걱정의 정도, 기간, 빈도는 예상되는 사건이 미치는 실제 영향에 비해 과도하다. 걱정과 걱정스러운 생각을 조절하기 힘들어서 실제로 해야 할 일에 주의를 집중하기가 어렵게 된다. 범불안장애가 있는 성인 환자들은 흔히 직업적 책무나 건강, 재정, 가족의 건강, 자녀의 불운, 사소한 문제(예, 집안일을 하거나 약속에 늦는 것)와 같은 일상생활 환경에 대해 매일 걱정한다. 범불안장애가 있는 아동들은 그들의 역량이나 수행의 질에 대해서 과도하게 걱정하는 경향이 있다. 장애의 경과에 따라 걱정의 초점은 바뀐다.

몇 가지 특징으로 범불안장애와 정상적 불안을 구별할 수 있다. 첫째, 범불안장애에서의 불안은 정도가 과도하고, 전형적으로 심리사회적 기능을 현저하게 방해한다. 이에 비해 일상생활에서의 걱정은 정도가 과도하지 않고 처리할 수 있는 문제로 지각되며, 더 중요한 문제가 있을 때는 잠시 미뤄 놓을 수도 있다. 둘째, 범불안장애에서의 걱정은 더 전반적이고 극심하며, 고통을 주고, 기간이 길며, 유발 요인 없이 발생한다. 걱정하는 환경의 범위가 넓을수록(예, 재정, 자녀의 안전, 직업수행), 범불안장애의 증상을 만족시킬 가능성이 높다. 셋째, 매일의 정상적인 걱정은 신체증상을 동반하는 경우가 적다(예, 안절부절못하거나 낭떠러지 끝에 서 있는 느낌). 범불안장애 환자들은 지속적인 불안과 그에 동반된 사회적, 직업적, 또는 다른 중요한 영역에서의 기능 손상에 따른 주관적 고통을 보고한다.

걱정과 불안은, 즉 다음 증상 중 3가지 이상을 동반해야 한다(아동의 경우에는 한 가지만 동반해도 진단할 수 있다). 안절부절못하거나 낭떠러지 끝에 서 있는 느낌, 쉽게 피곤해짐, 집중하기 힘들거나 머릿속이 하얗게 되는 것, 과민성, 근육의 긴장, 수면교란이다.

진단을 뒷받침하는 부수적 특징

근육의 긴장과 동반하여 떨림, 근육연축, 온몸이 흔들리는 느낌, 그리고 근육통과 속 쓰림이 동반될 수 있다. 많은 범불안장애 환자들은 신체 증상(예, 발한, 오심, 설사)과 극대화된 깜짝 놀라는 반응을 경험한다. 자율신경계의 과잉각성 증상(예, 빈맥, 호흡곤란, 어지럼증)은 범불안장애에서는 공황장애 같은 다른 불안장애에서만큼 두드러지지는 않는다. 스트레스와 관련되는 다른 의학적 상태(예, 과민성 대장증후군, 두통)가 종종 범불안장애와 동반된다.

유병률

미국에서 범불안장애의 12개월 유병률은 청소년이 0.9%, 성인이 2.9%다. 다른 나라에서 범불안장애의 12개월 유병률은 0.4~3.6%다. 평생 이환율은 9.0%다. 여성의 유병률은 남성보다 2배 더 높다. 진단율은 중년층까지 증가하다가 이후로 감소한다.

유럽인들은 다른 인종들(즉, 아시아계 미국인, 아프리카계 미국인, 미국 원주민, 태평양제도민)보다 범불안장애를 더 빈번하게 경험한다. 또한 선진국 국민들이 그렇지 않은 나라의 국민들보다 일생 동안 범불안장애를 충족시키는 증상들을 더 많이 겪는다.

발달과 경과

범불안장애가 있는 많은 사람들은 전반적인 삶에서 불안하고 예민해진다고 보고한다. 범불안장애의 평균 발병 연령은 30세다. 하지만 발병 연령은 매우 넓게 퍼져 있다. 범불안장애는 평균 발병 연령이 다른 불안장애들에 비해 늦다. 과도한 걱정과 불안은 더 젊을 때 나타날 수 있지만, 이는 불안한 기질 때문이라고 볼 수 있다. 청소년기 이전에 발병되는 경우는 드물다. 범불안장애 증상은 만성적이고 굴곡이 있어 임상적으로 뚜렷한 증상을 보일 때와 그렇지 않을 때를 오르내린다. 완전 관해율은 매우 낮다.

범불안장애의 임상적 증상은 일생 동안 거의 일관적이다. 연령에 따라서 걱정하는 내용에는 차이가 있다. 아동 · 청소년은 학교와 스포츠에서의 수행에 대해 걱정하는 경향이 있는 반면, 노년층에서는 가족의 안녕과 자신의 신체건강에 대해 걱정하는 경향이 있다. 따라서 걱정의 내용은 연령에 적절하게 달라진다. 초기 성인의 경우, 증상의 정도가 노년층에 비해 심하다.

범불안장애 진단기준을 만족하는 증상들이 더 젊을 때 발생할수록 더 많은 동반질환을 갖게 되고, 손상이 더 많이 일어나는 경향이 있다. 노년층에서는 만성 신체질환의 발병이 과도한 걱정의 주제가 되기 쉽다. 약한 노인들의 경우에는 안전에 대한 걱정—특히 낙상에 대한 걱정—이 활동을 제한한다. 인지기능 손상이 있는 노인들은 물건의 행방에 대한 과도한 걱정이 있다. 이는 인지기능 손상과 관련된 합리적인 걱정으로 볼 수 있다.

범불안장애 아동과 청소년의 경우, 남에게 평가받지 않는 상황에서도 학업능력이나 스포츠 역량과 관련된 걱정과 불안이 있다. 이들은 시간을 잘 지키는 것에 대해 과도하게 염려한다. 또한 예를 들어 지진이나 핵전쟁 같은 비극적인 사건에 대해 걱정할 수도 있다. 범불안장애 아동은 과도하게 규칙을 잘 따르고, 완벽주의자이며, 자신에 대해 확신하지 못하므로, 완벽하지 못한 수행에 만족하지 못해서 과업을 반복하는 경향이 있다. 그들은 전형적으로 확신과 확인을 받는 데 열성적이고, 그들이 걱정하는 수행 과제에 대해서 과도한 확인을 필요로 한다.

이 장애가 있는 아이들은 전형적으로 안심시키는 말과 인정을 지나칠 정도로 갈급해한다. 뿐만 아니라 자신들의 수행과 염려하고 있는 다른 일에 대해 극도로 안심시키는 말을 듣고 싶어 한다. 따라서 아동에 대해 이 진단을 고려할 때는 이러한 걱정을 더 잘 설명할 수 있는 다른 아동기 불안장애나 정신질환이 있는지를 세밀하게 평가해야 한다. 분리불안장애, 사회불안장애(사회공포증), 그리고 강박장애는 흔히 걱정을 동반하고 범불안장애로 오인된다. 예를 들어, 사회불안장애 아동은 수줍움 때문에 학교 수행에 대해 걱정할 수 있다. 또한 질병에 대한 걱정은 분리불안장애나 강박장애로 더 잘 설명될 수 있다.

위험 및 예후 요인

기질적. 행동 억제, 부정적 정동성(신경증적 경향성), 해로운 것을 회피하는 성향은 범불안장애와 연관되어 왔다.

환경적. 유년기의 역경이나 부모의 과잉보호가 범불안장애와 연관되어 있지만, 범불안장애에 특징적이거나 필수적이거나 진단을 만족시킬 만한 알려진 환경적 요인은 없다.

유전적 · 생리적. 범불안장애 발생 위험도의 1/3은 유전적인 영향을 받는다. 이러한 유전적 요인은 신경증적 경향성의 위험도와 겹치며, 다른 불안장애와 기분장애, 특히 주요우울장애와 공유된다.

문화와 관련된 진단적 쟁점

범불안장애의 표현에는 문화들 간에 상당한 다양성이 있다. 예를 들어, 신체 증상으로 주로 표현되는 문화권이 있는가 하면, 인지적 증상으로 주로 표현되는 문화권도 있다. 이러한 차이는 나중에는 더 많은 증상이 반복해서 보고되기 때문에 주로 장애 초기에 두드러진다. 걱정의 주제는 문화 특이적이지만, 과도하게 걱정하는 경향이 문화와 관련되어 있는지는 알려져 있지 않다. 특정 상황에 대한 걱정이 과도성 여부에 대한 평가는 사회문화적 측면을 고려하는 것이 중요하다.

성별과 관련된 진단적 쟁점

임상장면에서 범불안장애는 남성보다 여성에게서 다소 보다 빈번히 진단된다(여성이 약 55~60%를 차지함). 역학 연구에서는 약 2/3가 여성이다. 범불안장애를 경험하는 남성과 여성 모두 비슷한 증상을 보이지만, 동반질환에 있어서는 병발하는 질환 자체의 유병률의 차이만큼 남녀 간 차이를 보인다. 여성의 동반질환은 대부분 불안장애와 단극성 우울증이라면, 남성의 경우는 물질사용장애도 동반되는 경향이 있다.

범불안장애의 기능적 결과

과도한 걱정은 가정 또는 직장에서 개인의 신속하고 효과적인 일처리 능력에 손상을 입힌다. 걱정은 시간과 에너지를 고갈시킨다. 동반되는 근육 긴장, 낭떠러지 끝에 서 있는 것 같은 느낌, 피로감, 집중곤란, 수면교란 증상은 기능적 손상을 야기한다. 중요한 점은 과도한 걱정이 범불안장애 환자들로 하여금 자녀들의 자신감을 북돋아 주는 능력을 손상시킨다는 사실이다.

범불안장애는 동반질환과 무관하게 현저한 장애와 고통과 연관이 있다. 그리고 치료시설을 찾지 않는 범불안장애 환자의 대부분이 중등도 이상의 장애가 있다. 범불안장애는 미국에서만 연간 1억 1천만 장애일(발생 환자 수×장애로 인해 쉬는 날/년)의 원인을 제공한다고 알려져 있다.

감별진단

다른 의학적 상태로 인한 불안장애. 다른 의학적 상태와 연관된 불안장애는 환자의 병력, 검사 소견, 신체검진을 통해 다른 특정한 의학적 상태(예, 갈색세포종, 갑상선기능항진증)로 인한 생리적 결과로 불안과 걱정이 발생했다고 판단될 때 진단되어야 한다.

물질/약물치료로 유발된 불안장애. 물질/약물치료로 유발된 불안장애는 물질이나 치료약물(예, 남용약물, 독소에의 노출)이 불안의 원인이라고 판단된다는 점에서 범불안장애와 구분된다. 예를 들어, 커피를 심하게 많이 마신 뒤에만 발생하는 심한 불안은 카페인으로 유발된 불안장애로 진단한다.

사회불안장애. 사회불안장애 환자들은 흔히 본인들이 사회적 수행을 해야 하거나 다른 사람들로부터 평가를 받아야 하는 사회적 상황이 다가올 때 예기불안을 보인다. 반면, 범불안장애 환자들은 평가 유무와 관계 없이 걱정한다.

강박장애. 몇 가지 특징으로 범불안장애의 과도한 걱정과 강박장애의 강박사고가 구분된다. 범불안장애에서 걱정의 초점은 다가올 문제에 있고, 미래 사건에 대한 걱정의 정도가 과도한 것이 비정상적인 부분이다. 강박장애에서 강박사고는 침습적이고 원치 않는 사고, 충동, 또는 이미지 형태를 띠는 부적절한 관념들ideas이다.

외상후 스트레스장애와 적응장애. 외상후 스트레스장애(PTSD)에서 불안은 언제나 존재한다. 만약 불안과 걱정이 PTSD로 더 잘 설명된다면, 범불안장애로 진단할 수 없다. 불안은 적응장애에서도 존재하는데, 다른 장애(범불안장애를 포함해서)의 진단기준을 충족시킬 수 없는 경우에 한해서 진단된다. 더욱이, 적응장애에서 불안은 확인 가능한 스트레스 요인에 대한 반응으로 스트레스 요인 발생 3개월 이내에 발생하고 스트레스 요인 또는 그 결과가 사라진 이후 6개월 이상 지속되지 않아야 한다.

우울장애, 양극성장애 및 정신병적 장애. 광범위한 불안과 걱정은 우울장애, 양극성장애 및 정신병적 장애에서 흔히 동반된다. 그러므로 이러한 상태에서 과도한 불안이 발생한다고 해서 따로 범불안장애로 진단해서는 안 된다.

동반이환

범불안장애 진단기준을 충족시키는 사람들은 다른 불안장애나 단극성 우울장애의 진단기준을 충족시킨 적이 있거나, 현재 충족시키고 있을 가능성이 높다. 이러한 유형의 동반이환을 뒷받침하는 신경증적 경향성이나 감정적 취약성은 물론 독립적인 발생기전이 있을 수도 있지만, 범불안장애와 기질적 원인이나 유전적 · 환경적 위험요인 측면에서 연관성이 있다. 물질사용장애, 품행장애, 정신병적 장애, 신경발달장애, 신경인지장애와의 동반이환은 덜 흔하다.

물질/약물치료로 유발된 불안장애

Substance/Medication-Induced Anxiety Disorder

진단기준

A. 임상 장면에서 공황발작이나 불안이 두드러진다.

B. 병력, 신체검진, 또는 검사 소견에 (1)과 (2) 둘 다의 증거가 있다.

1. 진단기준 A의 증상이 물질중독이나 물질금단 동안 혹은 직후에, 혹은 치료약물 노출 후에 발생함
2. 수반된 물질/치료약물이 진단기준 A의 증상을 일으킬 만한 능력이 있음

C. 장해가 물질/약물치료로 유발된 것이 아닌 불안장애로 더 잘 설명되지 않는다. 독립적인 불안장애라는 증거로 다음이 포함될 수 있다.

증상이 물질/치료약물 사용 시작보다 선행한다. 증상이 급성 금단 혹은 심한 중독의 중단 이후에도 상당한 기간(예, 약 1개월) 계속된다. 혹은 물질/약물치료로 유발된 것이 아닌 독립적인 불안장애의 다른 증거(예, 재발성 비물질/치료약물 관련 삽화의 병력)가 있다.

D. 장해가 섬망의 경과 중에만 발생되지는 않는다.

E. 장해가 사회적, 직업적, 또는 다른 중요한 기능 영역에서 임상적으로 현저한 고통이나 손상을 초래한다.

주의점: 이 진단은 진단기준 A의 증상이 임상 양상에서 두드러지고 임상적 주목을 보증할 정도로 충분히 심할 때에만 물질중독이나 물질금단의 진단 대신에 내려져야 한다.

부호화 시 주의점: [특정 물질/약물치료로] 유발된 불안장애에 대한 ICD-9-CM과 ICD-10-CM 부호는 다음 표에 제시되어 있다. ICD-10-CM 부호는 동일 종류의 물질에 대한 물질사용장애의 동반이환 여부에 따라 달라진다는 점에 주의한다. 만약 경도의 물질사용장애가 물질로 유발된 불안장애와 동반이환된다면, 4번째 자리의 글자는 "1"이고, 임상가는 물질로 유발된 불안장애 앞에 "경도 [물질]사용장애"를 기록해야 한다(예, 경도 코카인사용장애, 코카인으로 유발된 불안장애 동반). 만약 중등도 또는 고도 물질사용장애가 물질로 유발된 불안장애와 동반이환된다면, 4번째 자리의 글자는 "2"이고, 임상가는 동반이환하는 물질사용장애의 심각도에 따라 "중등도 [물질]사용장애 또는 고도 [물질]사용장애"를 기록해야 한다. 만약 동반이환하는 물질사용장애가 없다면(예, 1회의 심한 물질 사용 후), 4번째 자리의 글자는 "9"이며, 임상가는 물질로 유발된 불안장애만을 기록해야 한다.

		ICD-10-CM		
	ICD-9-CM	사용장애 경도	사용장애 중등도 또는 고도	사용장애 없음
알코올	291.89	F10.180	F10.280	F10.980
카페인	292.89	F15.180	F15.280	F15.980
대마	292.89	F12.180	F12.280	F12.980
펜시클리딘	292.89	F16.180	F16.280	F16.980
기타 환각제	292.89	F16.180	F16.280	F16.980
흡입제	292.89	F18.180	F18.280	F18.980
아편계	292.89	F11.188	F11.288	F11.988
진정제, 수면제 또는 항불안제	292.89	F13.180	F13.280	F13.980
암페타민(또는 기타 자극제)	292.89	F15.180	F15.280	F15.980
코카인	292.89	F14.180	F14.280	F14.980
기타(또는 미상의) 물질	292.89	F19.180	F19.280	F19.980

다음의 경우 명시할 것(물질 종류와 연관된 진단을 위해서는 [DSM-5에서] "물질관련 및 중독 장애" 장의 표 1을 참조할 것):

중독 중 발병: 이 명시자는 기준이 물질중독에 맞고, 증상이 중독 동안에 발생하는 경우에 사용한다.

금단 중 발병: 이 명시자는 기준이 물질금단에 맞고, 증상이 금단 동안 혹은 금단 직후 발생하는 경우에 사용한다.

치료약물 사용 후 발병: 증상이 치료약물의 시작이나 복용 변경, 교체 후에 발생하는 경우

기록절차

ICD-9-CM. 물질/약물치료로 유발된 불안장애의 명칭은 불안 증상의 원인으로 가정되는 특정 물질(예, 코카인, 살부타몰salbutamol)로 시작한다. 진단부호는 진단기준 세트에 포함된 표에서 선택되는데, 이 진단기준은 약물 종류에 기초한 것이다. 어느 종류에도 부합하지 않는 약물(예, 살부타몰)의 경우 "기타 물질"을 위한 부호를 사용해야 한다. 물질이 병인학적 요인이라고 여겨지나 물질의 특정 종류를 알 수 없는 경우에는 "미상의 물질unknown substance" 범주를 사용해야 한다.

장애명 뒤에는 발병에 대한 명시사항이 뒤따른다(즉, 중독 중 발병, 금단 중 발병, 치료약물 사용 후 발병). 물질로 유발된 장애와 물질사용장애를 결합한 ICD-10-CM의

기록절차와 달리, ICD-9-CM에서는 물질사용장애에 별도의 진단부호가 부여된다. 예를 들어, 고도 로라제팜lorazepam사용장애가 있는 사람이 치료약물 사용 중단 후에 불안 증상을 보이는 경우, 진단은 292.89 로라제팜으로 유발된 불안장애, 금단 중 발병이다. 추가 진단으로 304.10 고도 로라제팜사용장애 역시 부여된다. 한 가지 이상의 물질이 불안 증상의 발생에 상당한 역할을 한 것으로 여겨질 때, 각각이 모두 별도로 나열되어야 한다(예, 292.89 메틸페니데이트로 유발된 불안장애, 중독 중 발병, 292.89 살부타몰로 유발된 불안장애, 치료약물 사용 후 발병).

ICD-10-CM. 물질/약물치료로 유발된 불안장애의 명칭은 불안 증상의 원인으로 가정되는 특정 물질(예, 코카인, 살부타몰)로 시작한다. 진단부호는 진단기준 세트에 포함된 표에서 선택되며, 이 표는 약물 종류와 동반된 물질사용장애의 유무에 기초한 것이다. 어느 부류에도 적합하지 않은 약물(예, 살부타몰)의 경우, "기타 물질"을 위한 부호가 사용되어야 한다. 물질이 병인학적 요인으로 여겨지나 물질의 특정 부류를 알 수 없는 경우에는 "미상의 물질" 범주를 사용해야 한다. 장애명을 기록할 때는 동반 물질사용장애를(있다면) 먼저 기재하고, 이어서 '동반with' 이라는 단어와 함께 물질로 유발된 우울장애의 명칭이 뒤따르며, 그다음으로 발병에 대한 명시사항(예, 중독 중 발병, 금단 중 발병, 치료약물 사용 후 발병)을 적는다. 예를 들어, 고도 로라제팜사용장애가 있는 사람의 경우, 치료약물 사용 중단 후 나타난 불안 증상의 진단은 F13.280 고도 로라제팜사용장애, 로라제팜으로 유발된 불안장애 동반, 금단 중 발병이다. 동반된 고도 로라제팜사용장애에 대한 별도의 진단은 부여되지 않는다. 만약 물질로 유발된 불안장애가 동반된 물질사용장애 없이 발생했다면(예, 1회의 심한 물질 사용 후), 부수적인 물질사용장애는 기록되지 않는다(예, F16.980 실로시빈psilocybin으로 유발된 불안장애, 중독 중 발병). 한 가지 이상의 물질이 우울 증상의 발생에 상당한 역할을 한 것으로 여겨지는 경우에는 각각 별도로 나열해야 한다(예, F15.280 고도 메틸페니데이트사용장애, 메틸페니데이트로 유발된 불안장애 동반, 중독 중 발병, F19.980 살부타몰로 유발된 불안장애, 치료약물 사용 후 발병).

진단적 특징

물질/약물치료로 유발된 불안장애의 핵심 특징은 물질(예, 남용약물, 치료약물, 또는 독소 노출)의 효과로 판단되는 현저한 공황이나 불안 증상이다(진단기준 A). 공황이나 불안 증상은 물질중독 상태이거나, 물질금단 중이나 혹은 직후, 혹은 치료약물에 노출된 이후에 발생해야 하며, 물질이나 치료약물이 증상을 일으킬 수 있는 것이어야 한다(진단기준 B2). 처방된 정신질환이나 다른 의학적 상태로 인한 치료약물에 의한 물질/약물치료로 유발된 불안장애는 그들이 치료약물을 처방받는 동안(혹은 만약 금단이 치료약물과 관련되어 있다면 금단 중) 발생한다. 만약 치료가 중지된다면, 공황장애나 불안장애는 보통 수일에서 수주, 길게는 1개월(물질/치료약물의 반감기와 금단 증상의 유무에 따라서) 이내에 호전되거나 없어진다. 물질/약물치료로 유발된 불안장애 진단은 공황이나 불안 증상이 물질/치료약물 중독이나 금단에 선행할 경우, 혹은 심한 중독이나 금단이 지난 이후로도 상당한 기간(보통 1개월 이상) 지속되는 경우에는 내릴 수 없다. 만약 공황이나 불안 증상이 상당 기간 지속된다면, 증상의 다른 원인을 고려해야 한다. 물질중독이나 물질금단 증상 대신 물질/약물치료로 유발된 불안장애 진단은 진단기준 A의 증상이 임상에서 두드러지고 임상가가 주목할 만큼 정도가 심각한 경우에 내린다.

진단을 뒷받침하는 부수적 특징

공황이나 불안은 다음 부류의 물질, 즉 알코올, 카페인, 대마, 펜시클리딘, 기타 환각제, 흡입제, 자극제(코카인 포함), 그리고 기타(또는 미상의) 물질의 중독과 연관되어 발생할 수 있다. 공황과 불안 증상은 다음 부류의 물질, 즉 알코올, 아편계나 진정제, 수면제 또는 항불안제, 자극제(코카인 포함), 그리고 기타(또는 미상의) 물질의 금단과 연관될 수 있다. 불안 증상을 유발하는 치료약물로는 마취제, 진통제, 교감신경계 자극제, 다른 기관지확장제, 항콜린제, 인슐린, 갑상선제제, 경구 피임약, 항히스타민제, 파킨슨병약, 스테로이드제제, 항고혈압제, 심혈관계 치료약물, 항경련제, 리튬, 항정신병 치료약물, 항우울제가 있다. 중금속과 독소(예, 유기인계

살충제, 신경가스, 일산화탄소, 이산화탄소, 가솔린이나 페인트 같은 기화물질) 역시 공황이나 불안 증상을 일으킬 수 있다.

유병률

물질/약물치료로 유발된 불안장애의 유병률은 분명하지 않다. 일반 인구 데이터에 의하면, 이 병은 드물고, 12개월 유병률이 0.002% 정도일 것으로 추산하고 있다. 하지만 임상적 상황에서 유병률은 이보다 더 높을 가능성이 있다.

진단적 표지자

검사실 검사(예, 소변 독소 검사)는 물질/약물치료로 유발된 불안장애의 평가의 일부로, 물질중독 측정에 유용하다.

감별진단

물질중독과 물질금단. 물질중독이나 물질금단에서도 불안 증상은 흔히 발생한다. 물질 특이적 중독 또는 물질 특이적 금단 진단은 보통 증상 발현을 범주화 분류하는 데 충분할 것이다. 물질/약물치료로 유발된 불안장애는 물질중독 및 금단 외에 공황이나 불안 장애가 임상 장면에서 두드러지고 독립적으로 임상가가 주목할 정도로 심각할 경우에 진단한다. 예를 들어, 공황이나 불안 증상은 알코올 금단의 특징이다.

불안장애(물질/약물치료로 유발된 것이 아닌). 물질/약물치료로 유발된 불안장애는 병인학적으로 물질/치료약물과 관련이 있다고 판단된다. 물질/약물치료로 유발된 불안장애는 병의 발병, 경과, 물질/치료약물 관련 다른 요인들을 기반으로 원발성 불안장애와 구별된다. 약물남용에는 사용, 중독, 금단의 증거가 되는 병력, 신체검진, 또는 검사 소견이 있어야 한다. 물질/약물치료로 유발된 불안장애는 중독이나 금단 상황에서만 나타나는 반면, 원발성 불안장애는 치료약물 또는 물질사용에 앞서 발생한다. 비전형적인 발병 연령(45세 이후에 공황장애가 발병하는 경우), 증상(예, 진성 현훈, 균형 상실, 의식 상실, 방광 조절 실패, 두통, 불분명한 언어)처럼 원발성 불안장애의 비전형적인 특징이 나타난다면 물질/치료약물이 원인임을 시사하는 소견일 수 있다. 원발성 불안장애는 공황이나 불안장애가 중독, 급성 금단 이후로도 상당 기간(약 1개월 이상) 지속되거나 불안장애의 병력이 있는 경우에 진단한다.

섬망. 만약 공황이나 불안 증상이 섬망의 경과 중에만 나타난다면, 이는 섬망과 연관된 특징으로 여겨지며, 따로 진단되지 않는다.

다른 의학적 상태로 인한 불안장애. 만약 공황이나 불안 증상이 다른 의학적 상태로 인한 생리적 결과에 기인하는 것이라면(의학적 상태에 대해 치료약물을 복용한 것 때문이라기보다), 다른 의학적 상태로 인한 불안장애로 진단해야 한다. 병력은 흔히 이러한 판단의 근거를 제공한다. 때로 치료약물이 원인물질이었는지(이런 경우 증상이 물질/약물치료로 유발된 불안장애로 더 잘 설명된다)의 여부를 결정하기 위해 다른 의학적 상태의 치료에 있어서 변화(치료약물 구성의 조정이나 치료약물 중단)가 필요할 수 있다. 만약 장해가 다른 의학적 상태와 물질사용 둘 다에 기인된다면, 2가지 진단(다른 의학적 상태로 인한 불안장애와 물질/약물치료로 유발된 불안장애)을 모두 내릴 수 있다. 공황이나 불안 증상이 물질/치료약물 또는 다른 의학적 상태로 인한 것이거나 원발성 불안장애에 의한 것이라고 판단하기에 충분한 증거가 없다면, 달리 명시된 또는 명시되지 않는 불안장애로 진단해야 할 것이다.

다른 의학적 상태로 인한 불안장애
Anxiety Disorder Due to Other Medical Condition

진단기준 **293.84 (F06.4)**

A. 공황발작이나 불안이 임상 영역에서 두드러진다.

B. 병력, 신체검진, 또는 검사 소견상 장해가 다른 의학적 상태로 인한 직접적인 병태생리학적 결과라는 증거가 있다.
C. 장해가 다른 정신질환으로 더 잘 설명되지 않는다.
D. 장해가 섬망의 경과 중에만 발생되지는 않는다.
E. 장해가 사회적, 직업적, 또는 다른 중요한 기능 영역에서 임상적으로 현저한 고통이나 손상을 초래한다.

부호화 시 주의점: 정신질환의 명칭에 기타 의학적 상태의 명칭을 포함한다(예, 293.84 [F06.4] 갈색세포종으로 인한 불안장애). 기타 의학적 상태는 부호화하여 의학적 상태로 인한 불안장애 진단 앞에 따로 명시한다(예, 227.0 [D35.00] 갈색세포종, 293.84 [F06.4] 갈색세포종으로 인한 불안장애).

진단적 특징

다른 의학적 상태로 인한 불안장애의 핵심적인 특징은 다른 의학적 상태로 인한 생리적 효과로 가장 잘 설명된다고 판단되는 현저한 불안 증상이다. 증상은 두드러지는 불안 증상과 공황발작을 포함한다(진단기준 A). 증상이 다른 의학적 상태에 의해서 가장 잘 설명된다는 것에 대한 병력, 신체검진, 검사 소견상의 증거가 있어야 한다(진단기준 B). 또한 증상이 스트레스가 원인으로 작용하는 적응장애나 불안장애 같은 다른 정신질환에 의한 것이 아니라는 판단이 필요하다(진단기준 C). 이런 경우, 적응장애 환자들은 의학적 상태가 주는 의미나 그 결과에 대해서 특히 힘들어한다. 반면, 다른 의학적 상태로 인한 불안장애의 경우, 흔히 불안의 신체적 증상(예, 호흡곤란)이 두드러진다. 만약 섬망 증상 중에만 불안 증상이 나타난다면, 진단을 내리지 않는다(진단기준 D). 불안 증상은 사회적, 직업적, 또는 다른 중요한 기능 영역에서 임상적으로 현저한 고통이나 손상을 초래하여야 한다(진단기준 E).

불안 증상이 다른 의학적 상태로 인한 것임을 판단하려면, 임상가는 우선 의학적 상태의 현상에 대해 알아야 한다. 또한 불안 증상을 보이는 특정 개인의 상태에 대해 설명할 때, 병인학적으로 의학적 상태의 생리적 기제에 의한 것인지를 잘 알아야 한다. 판단을 내리기에 앞서, 다양한 요인에 대한 상세하고도 포괄적인 평가가 필요하다. 임상적으로 표현되는 것들 중 다음 몇 가지 측면을 고려해야 한다

(① 의학적 상태의 발병, 악화, 관해와 불안 증상 사이의 분명한 시기적 연관성, ② 본래의 불안장애에서는 비전형적인 특징[예, 병의 발병과 경과에 비전형적인 나이], ③ 생리적 기전이 불안을 일으킬 수 있다는 명시된 증거[예, 갑상선기능항진증]). 또한 장애가 원발성 불안장애, 물질/약물치료로 유발된 불안장애, 다른 원발성 정신질환(예, 적응장애)에 의해 더 잘 설명되지 않아야 한다.

진단을 뒷받침하는 부수적 특징

많은 의학적 상태에 불안이 증상의 발현으로 포함되어 있다고 알려져 있다. 그 예로는 내분비질환(예, 갑상선기능항진증, 갈색세포종, 저혈당증, 부신피질호르몬항진증), 심혈관계 질환(예, 울혈성 심부전증, 폐색전증, 심방세동과 같은 부정맥), 호흡기계 질환(예, 만성 폐쇄성 폐질환, 천식, 폐렴), 대사장애(예, 비타민 B12 부족, 포르피린증), 신경학적 질환(예, 암, 전정 기능부전, 뇌염, 발작장애)을 들 수 있다. 다른 의학적 상태로 인한 불안은 의학적 상태가 불안보다 선행하고, 불안을 유발한다고 알려져 있을 때 진단한다.

유병률

다른 의학적 상태로 인한 불안장애의 유병률은 분명하지 않다. 천식이나 고혈압, 궤양, 관절염 같이 다양한 의학적 상태에 있는 사람들의 경우, 불안장애의 유병률이 높은 것으로 보인다. 하지만 이렇게 증가된 유병률은 의학적 상태가 직접적으로 원인이 되는 것이 아니라 다른 이유가 있을 수 있다.

발달과 경과

다른 의학적 상태로 인한 불안장애의 발달과 경과는 대체로 기저 질환의 경과를 따른다. 이 진단은 만성 질환이 있는 사람에게 발생한 원발성 불안장애를 의미하지 않는다. 하지만 만성 질환을 앓고 있는 나이 든 성인의 경우, 만성 질환에 이차적으로 독립적인 불안장애가 발생할 수 있음을 고려해야 한다.

진단적 표지자

동반된 의학적 상태에 대한 진단에는 검사실 평가와 의학적 검사가 필요하다.

감별진단

섬망. 불안 장해가 섬망의 경과 중에만 나타난다면, 다른 의학적 상태로 인한 불안장애를 따로 진단할 수 없다. 그러나 신경인지장애를 일으키는 병리학적 과정의 생리적 결과로 불안 증상이 나타나고, 불안 증상이 임상상에서 두드러지는 부분인 경우, 주요신경인지장애(치매)에 더해서 다른 의학적 상태로 인한 불안장애 진단을 내릴 수 있다.

혼합 증상 발현(예, 기분과 불안). 만약 다양한 유형의 증상들이 함께 나타난다면, 다른 의학적 상태로 인한 특정 정신질환은 임상상에서 어떤 증상이 가장 두드러지는지에 따라 결정한다.

물질/약물치료로 유발된 불안장애. 만약 최근에 혹은 지속적으로 물질남용(정신작용에 영향을 주는 치료약물을 포함하여), 물질금단, 독소 노출의 증거가 있다면, 물질/약물치료로 유발된 불안장애 진단을 고려해야 한다. 예를 들어, 특정 치료약물은 불안을 가중시킨다고 알려져 있다(예, 스테로이드, 에스트로겐, 메토클로프라미드 metoclopramide). 이러한 경우, 불안이 치료약물에 의한 것인지 혹은 질병 자체에 의한 것인지에 대한 구분은 쉽지 않지만, 치료약물이 가장 가능성이 높은 병인일 수 있다. 만약 물질로 유발된 불안장애 진단이 여가 또는 처방이 필요없는 복용하는, 약물과 관련해서 내려진 것이라면, 소변 또는 혈중 약물검사나 다른 적절한 검사실 평가를 실시하는 것이 도움이 된다. 물질중독이나 금단 기간 동안, 혹은 치료약물 사용 직후에 (4주 이내) 발생하는 증상은 사용된 물질의 종류, 기간, 양에 따라 특히 물질/약물치료로 유발된 불안장애 진단을 시사하는 소견이라고 볼 수 있다. 만약 장해가 다른 의학적 상태와 물질사용과 모두 연관된다면, 2가지 진단을 모두 내린다(다른 의학적 상태로 인한 불안장애 및 물질/약물치료로 유발된 불안장애). 45세 이후의 발병이나 공황발작 중의 비전형적 증상(예, 현훈, 의식 상실, 방광이나 장 조절 실패, 불분명한 언어, 기억상실)은 다른 의학적 상태나 물질사용이 공황발작 증상을 일으켰을 가능성을 시사하는 소견이다.

불안장애(알려진 의학적 상태로 인한 것이 아닌). 다른 의학적 상태로 인한 불안장애는 다른 불안장애(특히, 공황장애와 범불안장애)와 구별되어야 한다. 다른 불안장애에 있어서 다른 의학적 상태와 연관된 특정한 또는 직접적인 원인기전은 생리적으로 증명되지 않는다. 발병 연령이 늦고, 비전형적 증상이 나타나고, 불안장애의 개인력 혹은 가족력이 없는 경우에는 다른 의학적 상태로 인한 불안장애 진단 여부를 판단하기 위한 상세한 평가가 요구된다. 불안장애는 심혈관계 사건이나 심근경색 악화 등의 의학적 상태 악화 또는 위험도를 높일 수 있다. 따라서 이런 경우에는 다른 의학적 상태로 인한 불안장애로 진단하지 않아야 한다.

질병불안장애. 다른 의학적 상태로 인한 불안장애는 질병불안장애와 구별되어야 한다. 질병불안장애는 질병에 대한 걱정, 통증에 대한 걱정, 신체 증상에의 집착이 특징이다. 질병불안장애의 경우, 환자들은 의학적 상태 진단을 받을 수도 있고 그렇지 않을 수도 있다. 질병불안장애가 있고 의학적 상태로 진단을 받은 사람이 의학적 상태에 대한 불안을 경험한다고 하더라도, 의학적 상태는 생리적으로 불안 증상과 관련되지는 않는다.

적응장애. 다른 의학적 상태로 인한 불안장애는 불안 동반 혹은 불안 및 우울 기분 동반 적응장애와 구분되어야 한다. 적응장애는 다른 의학적 상태 때문에 스트레스를 받는 상황에 대해 부적응적인 반응을 하는 사람에게 적용된다. 스트레스에 대한 반응은 보통 스트레스의 의미와 결과에 대한 걱정으로 나타나며, 이는 기타 의학적 상태의 생리적 결과로 경험하게 되는 불안이나 기분 증상과는 다르다. 불안장애에서 불안 증상은 전형적으로 일반적인 의학적 상태에 대한 스트레스 처리과정과 관련이 있는 반면, 다른 의학적 상태로 인한 불안장애 환자들은 두드러진 신체 증상을 경험하고, 질병 자체의 스트레스가 아닌 다른 주제에 집중하는 경향이 있다.

다른 정신질환과 연관된 특징. 불안 증상은 다른 정신질환(예, 조현병, 신경성 식욕부진증)과 연관된 특징일 수 있다.

달리 명시된 또는 명시되지 않는 불안장애. 만약 불안 증상이 일차적인 것인지, 물질로 유발된 것인지, 혹은 다른 의학적 상태와 연관된 것인지 판단할 수 없는 경우, 이 진단을 내린다.

달리 명시된 불안장애
Other Specified Anxiety Disorder

300.09 (F41.8)

이 범주는 사회적, 직업적, 또는 다른 중요한 기능 영역에서 임상적으로 현저한 고통이나 손상을 일으키는 불안장애의 특징적인 증상들이 두드러지지만, 불안장애의 진단 부류에 속한 장애 중 어느 것에도 완전한 기준을 만족하지 않는 발현 징후들에 적용된다. 달리 명시된 불안장애 범주는 발현 징후가 어떤 특정 불안장애의 기준에 맞지 않은 특정한 이유에 대해 교감하기 위해 임상가가 선택한 상황들에서 사용된다. 이는 "달리 명시된 불안장애"를 기록하고, 이어서 특정한 이유(예, "범불안장애, 그렇지 않은 날보다 그런 날이 더 많지는 않은")를 기록한다. "달리 명시된"이라는 지정 문구를 사용해 분류될 수 있는 발현 징후들의 예는 다음과 같다.

1. 제한적 공황발작
2. 범불안장애, 그렇지 않은 날보다 그런 날이 더 많지는 않은
3. 키알캡[Khyâl cap](바람에의 노출): [DSM-5] 부록의 "고통의 문화적 개념 용어 해설" 참조
4. 아타케 데 네르비오스[Ataque de nervios]: [DSM-5] 부록의 "고통의 문화적 개념 용어 해설" 참조

명시되지 않는 불안장애
Unspecified Anxiety Disorder

300.00 (F41.9)

이 범주는 사회적, 직업적, 또는 다른 중요한 기능 영역에서 임상적으로 현저한 고통이나 손상

을 일으키는 불안장애의 특징적인 증상들이 두드러지지만, 불안장애의 진단 부류에 속한 장애 중 어느 것에도 완전한 기준을 만족하지 않는 발현 징후들에 적용된다. 명시되지 않는 불안장애 범주는 기준이 특정 불안장애의 기준에 맞지 않은 이유를 명시할 수 없다고 임상가가 선택한 상황들에서 사용되며, 좀 더 특정한 진단을 내리기에는 정보가 불충분한(예, 응급실 상황) 발현 징후들을 포함한다.

02

불안장애 DSM-5® 가이드북

309.21 (F93.0)	분리불안장애
313.23 (F94.0)	선택적 함구증
300.29 (F40.2__)	특정공포증
300.23 (F40.10)	사회불안장애(사회공포증)
300.01 (F41.0)	공황장애
	공황발작 명시자
300.22 (F40.00)	광장공포증
300.02 (F41.1)	범불안장애
	물질/약물치료로 유발된 불안장애
293.84 (F06.4)	다른 의학적 상태로 인한 불안장애
300.09 (F41.8)	달리 명시된 불안장애
300.00 (F41.9)	명시되지 않는 불안장애

불안장애는 전 세계적으로 가장 널리 퍼져 있는 정신의학적 질환 중 하나다. 지금까지의 연구에 의하면, 이 질환은 정신의학적 · 신체적 이환율 증가, 건강관리 서비스 사용, 그리고 심리사회적 손상과 연관이 있는 것으로 밝혀졌다. 이로 인해 임상가들이 불안장애를 조기에 확인해서 지체 없이 치료해야 한다는 필요성이 제기되고 있다. 표 1에는 DSM-5의 불안장애들이 수록되어 있다.

표 1. 불안장애
분리불안장애Separation anxiety disorder
선택적 함구증Selective mutism
특정공포증Specific phobia
사회불안장애(사회공포증)Social anxiety disorder(Social phobia)
공황장애Panic disorder
광장공포증Agoraphobia
범불안장애Generalized anxiety disorder
물질/약물치료로 유발된 불안장애Substance/medication-induced anxiety disorder
다른 의학적 상태로 인한 불안장애Anxiety disorder due to another medical condition
달리 명시된 불안장애Other specified anxiety disorder
명시되지 않는 불안장애Unspecified anxiety disorder

불안anxiety이라는 단어는 다양한 현상을 기술하는 데 사용되어 왔다. 그러나 임상에 관한 문헌에서 이 용어는 공포 발현 또는 상황에 맞지 않는 염려를 의미한다. 불안은 19세기 말에 확인된 몇 가지 질환 발생에 중요한 역할을 하는 것으로 여겨졌다(Goodwin and Guze 1989). 19세기 말, 다 코스타Da Costa는 흉부 통증, 심계항진, 현기증이 특징이며, 심장기능 장해로 인한 장애로 여겨졌던 "과민성 심

장증후군irritable heart syndrome"에 관한 연구논문을 썼다. 그는 이 증후군을 미국 남북전쟁 참전용사들에게서 일어나는 현상으로 기술했다. 그 후, 이 증후군은 "병사의 심장soldier's heart" "피로증후군effort syndrome" 또는 "신경순환 무력증neurocirculatory asthenia" 등 다양한 명칭으로 불렸다. 거의 동시에, 비어드Beard는 신경쇠약neurasthenia에 관하여 기술하면서, 이를 신경소진nervous exhaustion 장애로 여겼다. 이후, 프로이트는 신경쇠약을 불안신경증anxiety neurosis으로 명명함으로써, 주로 불안을 동반하는 증상의 영향을 받은 사례들과 구분했다. 그는 이 신경증의 임상적 특징을 전반적 과민성, 불안기대, 양심의 가책pangs of conscience, 불안발작anxiety attacks, 그리고 공포증을 포함하는 것으로 기술했다.

DSM-I에서 심리신경증장애psychoneurotic disorders 범주에는 불안이 주요 특징인 뚜렷한 부류로 구성되었다. DSM-I에 의하면, 불안은 "직접적으로 느껴지고 표현되거나…… 다양한 심리적 방어기제의 사용에 의해 무의식적 · 자동적으로 조절될 수 있다"(p. 31). "불안 반응"과 "공포 반응"—계속해서 불안장애로 인식되는 장애들—과 현재는 독립된 범주에 속하는 기타 장애들을 포함해서 몇 가지 "반응"이 열거되었다(예, 해리성 반응, 강박적 반응). DSM-II에서 이 범주는 "신경증neuroses"으로 개칭되었고, 반응reaction이라는 용어는 삭제되었다. 그러나 이 범주는 대부분 달리 변한 점은 없다.

DSM-III 전체를 망라하는 변화라면, 장애의 일부를 재편성하는 한편, 새로운 장애들을 창안한 것이다. 여기서 불안은 우세한 장해로 경험되거나 이 증상을 극복하려고 할 때 개인에 의해 경험된다(예, 두려운 대상 또는 상황에의 직면). 새로운 진단 부류인 불안장애에는 공황장애, 광장공포증, 사회공포증, 단순공포증, 범불안장애, 강박장애, 그리고 외상후 스트레스장애post-traumatic stress disorder(DSM-IV까지는 하이픈으로 연결된 상태로 표기되었음)가 포함되었다. 그 후, DSM-IV에서 급성 스트레스장애가 추가되었다. 그 밖에 진단범주 세트에서의 사소한 변화와 명칭의 일부가 바뀐 것(예, 단순공포증에서 특정공포증으로) 외에는 DSM-III-R, DSM-IV, DSM-IV-TR에는 DSM-III의 내용이 거의 그대로 남아 있다.

DSM-5에서 불안장애 장은 몇 가지 주요 예외적인 사항을 제외하고는 직전 판의 내용에 아주 충실한 상태로 남아 있다. 강박장애는 현재 자체적인 장에 수록되어 있다(제7장, "강박 및 관련 장애" 참조). 외상후 스트레스장애와 급성 스트레스장애는 "외상 및 스트레스 요인 관련 장애"(제8장 참조)로 옮겨졌다. 이러한 변화는 이 장애가 다른 불안장애들과는 분명히 다르다는 사실을 나타내는 과학적 데이터에 대한 반응으로 이루어졌다. 그러나 DSM-5 장의 순차적 배열(예, 메타구조 metastructure)은 여러 장 사이에서 가까운 관계를 반영하고 있다. 끝으로, 분리불안장애와 선택적 함구증은 이 장에 새롭게 추가된 것으로, 종전에는 DSM-IV의 "유아기, 아동기 또는 청소년기에 보통 처음 진단되는 장애" 장에 들어 있었다.

다른 변화로는 진단범주 세트의 문구들을 수정한 것이다. 진단범주의 문구들을 수정한 목적은 ① 이러한 장애들의 기저를 이루고 있는 기능이상이 강렬하고, 빈번하며, 만성적인 공포와 불안임을 나타내고, ② 주요 구문들을 분리하고(예, 상황성 촉발요인, 인지적 사고, 강도, 빈도수, 기간), ③ 장애들 사이의 일관성을 높이기 위함이었다. 특정공포증과 사회불안장애의 경우, 성인이 자신의 불안이 과도하거나 비합리적이라는 점을 인식해야 한다는 필수요건이 삭제되었다. 게다가 DSM-IV에서 18세 미만의 사람들에게 국한시켰던 적어도 6개월이라는 기간은 전체 연령으로 확대되었다. 공황발작의 필수적인 특징은 변화되지 않은 상태로 남아 있으나, 다른 유형들에 대한 용어들은 '예상되는 expected' 또는 '예기치 못한 unexpected'이라는 용어들로 대체되었다. 공황장애와 광장공포증은 동일 범주에 속해 있지 않다. 그리고 광장공포증의 진단범주는 다른 장애들의 진단범주 세트와 일치하도록 확대되었다. 사회불안장애의 "전반적 generalized" 명시자는 삭제되었고 "수행형 단독 performance only" 명시자로 대체되었다.

분리불안장애

분리불안장애separation anxiety disorder는 개인이 자신과 강한 정서적 애착을 가지고 있는 장소 또는 사람들과의 분리에 대해 과도한 불안을 가지고 있는 상태다. DSM-III에서 DSM-IV-TR에 이르기까지 줄곧 아동기 장애에 포함되었던 분리불안장애는 불안장애와 관련이 있고, 성인기에 발병한다는 인식이 높아짐에 따라 현재는 불안장애 장으로 옮겨졌다. 실제로, 일생 동안 아동기에 발생하는 분리불안장애의 유병률은 4.1%인 데 반해, 성인들의 유병률은 6.6%로 추산된다. 분리불안장애가 있는 성인의 약 1/3 정도가 아동기에 처음 발병되었지만, 성인의 대부분은 성인기에 처음 발병되었다. 아동의 경우, 강한 정서적 애착의 대상은 부모일 가능성이 높지만, 성인의 경우에는 배우자 또는 친구다.

분리불안장애는 건강하고 안정된 영아들의 정상적인 발달단계로 발생하는 분리불안과 혼동해서는 안 된다. 분리불안은 전형적으로 생후 약 8개월에 시작되어 13~15개월까지 높아지다가 점차 감소된다.

분리불안장애 진단기준 **309.21 (F93.0)**

A. 애착 대상과의 분리에 대한 공포나 불안이 발달 수준에 비추어 볼 때 부적절하고 지나친 정도로 발생한다. 다음 중 3가지 이상이 나타나야 한다.

1. 집 또는 주 애착 대상과 떨어져야 할 때 과도한 고통을 반복적으로 겪음
2. 주 애착 대상을 잃거나 질병이나 부상, 재앙 혹은 죽음 같은 해로운 일들이 그에게 일어날 것이라고 지속적으로 과도하게 걱정함
3. 곤란한 일(예, 길을 잃거나, 납치당하거나, 사고를 당하거나, 아프게 되는 것)이 발생하여 주 애착 대상과 떨어지게 될 것이라고 지속적으로 과도하게 걱정함
4. 분리에 대한 공포 때문에 집을 떠나 학교, 직장 혹은 다른 장소로 외출하는 것을 지속적으로 거부하거나 거절함
5. 집이나 다른 장소에서 주 애착 대상 없이 있거나 혼자 있는 것에 대해 지속적으로 과도하게 두려워하거나 거부함
6. 집에서 떠나 잠을 자는 것이나 주 애착 대상 곁이 아닌 곳에서 자는 것을 지속적으로 과

도하게 거부하거나 거절함
7. 분리 주제와 연관된 반복적인 악몽을 꿈
8. 주 애착 대상과 떨어져야 할 때 신체 증상을 반복적으로 호소함(예, 두통, 복통, 오심, 구토)

B. 공포, 불안, 또는 회피 반응이 아동·청소년에서는 최소한 4주 이상, 성인에서는 전형적으로 6개월 이상 지속되어야 한다.
C. 장해가 사회적, 직업적, 또는 다른 중요한 기능 영역에서 임상적으로 현저한 고통이나 손상을 초래한다.
D. 장해가 다른 정신질환으로 더 잘 설명되지 않는다. 예를 들어, 자폐증에서 변화에 대한 저항으로 인해 집 밖에 나가는 것을 회피하는 것, 정신병적 장애에서 분리에 대한 망상이나 환각이 있는 경우, 광장공포증으로 인해 신뢰할 만한 동반자 없이는 밖에 나가기를 거부하는 경우, 범불안장애에서 건강문제나 다른 해로운 일이 중요한 대상에게 생길까 봐 걱정하는 것, 질병불안장애에서 질병이 발생할까 봐 걱정하는 것

진단기준 A

다양한 발달 국면에서 일부 분리불안은 정상이다. 그러나 공포나 불안이 과도하고 기능적으로 손상을 초래하는 경우에는 이 진단이 적절하다. 분리불안장애가 있는 성인들과의 관련성을 높이기 위해 용어들이 추가(예, 진단기준 A4에 "직장^work" 추가) 또는 삭제되었다(예, DSM-IV의 진단기준 A5에서 "성인들^adults"이 삭제됨. 애착 인물이 항상 성인이 아니고, 성인의 경우 파트너, 아동 등이 될 수 있기 때문임).

진단기준 B

성인기에 있어서 기간은 일과성 공포에 대한 과잉진단을 최소화하기 위해 전형적으로 6개월이 지속되어야 하는 것으로 명시되었다(DSM-5의 아동 및 청소년에 관한 기준에 남아 있는 DSM-IV의 4주 필수요건 대신). 급성 발병 또는 심한 증상이 악화된 사례에서는 발병 기간이 좀 더 짧은 경우에도 이 진단을 내릴 수 있다.

진단범주 C, D

분리불안장애는 심각한 손상과 연관이 있다. 이 장애가 있는 사람들은 등교나 출

근 거부, 신체문제 호소, 그리고 사회적 고립을 자처한다. 만일 치료되지 않으면, 이 장애는 교육적 저성취, 실업, 그리고 미혼 상태로 남거나 부부불화를 초래할 수 있다. 분리불안은 다른 정신장애와 연관되어 발병할 수 있다. 그러므로 임상가는 개인의 증상이 분리불안장애의 독립적인 진단범주에 완전히 부합되는지의 여부를 결정할 필요가 있다.

선택적 함구증

선택적 함구증selective mutism은 다른 상황(예, 가정)에서는 말할 수 있음에도 불구하고 말하기가 기대되는 특정 사회적 상황에서 지속적으로 말을 하지 않는 것이 특징이다. 본래 DSM-III에서는 "선별적 함구증elective mutism"으로 명명되었고, DSM-IV에서 "선택적 함구증"으로 개칭된 이 장애는 DSM-IV의 "유아기, 아동기 또는 청소년기에 보통 처음 진단되는 장애"에 속해 있었다. 선택적 함구증은 불안장애와 연결되어 있다는 연구와 성인기(또는 드물게 성인기에 시작됨)로 계속해서 이어진다는 인식의 증가로 인해 불안장애 장으로 옮겨졌다. 선택적 함구증은 드물고, 어린 아동에게서 나타날 가능성이 매우 높다.

선택적 함구증 진단기준 **313.23 (F94.0)**

A. 다른 상황에서는 말을 할 수 있음에도 불구하고 말을 해야 하는 특정 사회적 상황(예, 학교)에서 일관되게 말을 하지 않는다.
B. 장해가 학습이나 직업상의 성취 혹은 사회적 소통을 방해한다.
C. 이러한 증상이 최소 1개월 이상 지속된다(학교생활의 첫 1개월에만 국한되지 않는 경우).
D. 사회적 상황에서 필요한 말에 대한 지식이 부족하거나, 언어가 익숙하지 않은 것으로 인해 말을 하지 않는 것이 아니다.
E. 장해가 의사소통장애(예, 아동기 발병 유창성장애)로 더 잘 설명되지 않고, 자폐스펙트럼

장애, 조현병 또는 다른 정신병적 장애의 경과 중에만 발생되지는 않는다.

진단기준 A

특정 사회적 상호작용에서 사람들과 조우하는 경우, 선택적 함구증이 있는 아동과 성인들은 말을 먼저 걸지 않거나, 다른 사람이 말을 걸어도 이렇다 할 반응을 보이지 않는다. 그러나 가정에서는 정상적으로 상호작용할 수 있다. 진단에는 사회적 상황에서 지속적인 말하기 실패의 필수요건이 요구된다.

진단기준 B

선택적 함구증은 심각한 손상과 연관이 있다. 선택적 함구증이 있는 아동들은 흔히 학교에서 말하기를 거부하여 학업적 또는 교육적 손상으로 이어진다. 아동이 성숙해짐에 따라 사회적 고립이 심화되고, 학교 장면에서는 학업적 손상이 초래된다. 그 이유는 교사들과 학업적 · 개인적 욕구에 관해 적절하게 소통하지 않기 때문이다.

진단기준 C

1개월 미만 지속되는 선택적 침묵은 진단기준에 부합되지 않는다(예, 아동이 화가 나서 며칠 동안 말하기를 거부하는 것).

진단기준 D

다른 언어를 사용하다가 이민을 오게 된 가정의 아동들은 새로운 언어에 대한 지식이 부족하기 때문에 새로운 언어로 말하기를 거부할 수 있다. 그렇지만 새로운 언어 이해가 적절한데도 불구하고 말하기를 거부한다면, 선택적 함구증 진단이 내려질 수 있다.

진단기준 E

선택적 함구증이 있는 아동들은 일반적으로 정상적인 언어기술을 보유하고 있지만, 때로 연관된 의사소통장애와 연관되어 있을 수 있다. 선택적 함구증은 언어장애, 말소리장애(종전의 조음장애), 아동기 발병 유창성장애(말더듬), 또는 실용적(사회적) 의사소통장애와 같은 의사소통장애로 더 잘 설명되는 말하기 장해speech disturbances와는 구별되어야 한다. 선택적 함구증과는 달리, 이러한 상태에 있는 말하기 장해는 특정 사회적 상황에만 국한되지 않는다. 자폐스펙트럼장애, 조현병 또는 기타 정신병적 장애, 또는 심한 지적장애가 있는 사람들은 사회적 의사소통에 문제가 있고, 사회적 상황에서 적절하게 말하지 못할 수 있다. 이와는 달리, 아동이 사회적 상황의 일부에서는 말할 수 있는 역량을 갖추고 있다면, 선택적 함구증으로 진단되어야 한다(전형적으로 가정에서).

특정공포증

공포증phobia이라는 용어는 특정 대상, 환경, 또는 상황에 대한 과도한 두려움을 의미한다. 공포증은 두려운 대상이나 상황을 기초로 분류된다. 특정공포증과 사회불안장애(사회공포증)는 두려운 대상이나 상황에 노출되자마자 극심한 불안 발달이 필수로 요구된다. 또한 이 2가지 진단에는 공포나 불안이 기능을 저해하거나, 뚜렷한 고통의 원인이 되어야 한다는 필수요건이 있다.

특정공포증에는 다음과 같은 명시자들이 포함되어 있다(① 동물형, ② 자연환경형, ③ 혈액–주사–부상형, ④ 상황형, ⑤ 기타형[종전의 4가지 범주에 명백하게 속하지 않는 공포증]). 각 자극 유형의 핵심적인 특징은 공포나 불안이 특정 대상, 즉 일시적이면서도 다른 대상들에게 국한된다는 것이다. 특정공포증이 있는 사람은 두려운 대상이 나타나는 경우, 즉시 겁에 질리거나 불안에 휩싸이게 된다. 이러한 공포는 두려운 대상으로부터 해를 입을 것에 대한 염려, 당혹스러움에 대한 염려, 또는 두려운 대상에의 노출과 관련된 결과에 대한 두려움과 관련이 있다. 예를 들어, 혈액-주사-부상형 공포증이 있는 사람들은 혈액에 노출되면서 의식을 잃게 될 것에 대해 두려워할 수 있다. 또한 고소공포가 있는 사람들은 현기증이 날 것에 대해 두려워할 수 있다.

특정공포증에는 특히 공포증의 특정 하위 범주 내에서 한 가지 이상의 대상에 대한 두려움이 포함된다. 예를 들어, 곤충에 대한 공포증이 있는 사람은 쥐에 대한 공포증도 있을 수 있다. 이 2가지 공포증은 동물형 공포증으로 분류된다. 특정공포증과 연관된 손상을 정량화하는 것은 때로 어려울 수 있다. 왜냐하면 동반이환된 장애는 전형적으로 한 가지 특정공포증에 비해 더 많은 손상을 초래하는 경향이 있기 때문이다. 특정공포증과 연관된 손상은 전형적으로 개인의 사회적 또는 전문적 활동을 제한한다.

공포증phobia은 100년 이상에 걸쳐 개인으로 하여금 정상적인 생활을 하지 못하게 하는 질환으로 인식되어 왔다. 현대 정신건강 역사에 있어서 공포증이 얼마나 중요한 위치를 차지하고 있는가는 공포증 환자들의 사례사들이 정신분석과 인지치료의 발달에 중요한 역할을 해 왔다는 사실을 보면 알 수 있다. 공포증의 범주는 여러 해에 걸쳐 점진적인 정제과정을 거쳤다. DSM-III에서 공포증은 서로 관련이 있지만, 뚜렷이 구분되는 일련의 상태로 간주되었다. DSM-III와 DSM-IV 사이에, 특정공포증은 하위 범주들로 분류하는 형태로 수정되었다. 이러한 하위 범주들은 자극 유형들의 뚜렷한 생리학적 측면과 인구통계학적 요소들을 규명한 연구결과들을 기반으로 선정되었다.

특정공포증은 보통 다른 상태들과 아주 쉽게 구별된다. 그 이유는 불안을 유발하는 시간과 대상 또는 상황에 초점을 맞춘 특성 때문이다. 가장 어려운 진단적 쟁점이라면, 다른 불안장애들로부터 특정공포증을 감별하는 것이다.

특정공포증은 2가지 발병 연령 양상을 보인다. 즉, 동물 공포증, 자연환경 공포증, 혈액-주사-부상형 공포증은 아동기에, 다른 공포증들(예, 상황형 공포증)은 성인기 초기에 절정을 이룬다. 그 외의 특정공포증이 있는 사람들은 거의 치료를 받으러 오지 않기 때문에 클리닉에서의 이 장애의 경과에 대한 연구는 드물다. 관련 자료에 의하면, 아동기에 시작되고 성인기까지 지속되는 대부분의 특정공포증은 여러 해 동안 지속된다. 특정공포증이 성인기까지 지속되는 경우, 이 상태의 심각도는 아동기와 청소년기에 악화와 완화의 경과 없이 비교적 변함없이 지속되거나 다른 불안장애들과 함께 나타나는 것으로 여겨지고 있다.

특정공포증 진단기준

A. 특정 대상이나 상황에 대해 극심한 공포나 불안이 유발된다(예, 비행기 타기, 고공, 동물, 주사 맞기, 피를 봄).

주의점: 아이들의 경우, 공포나 불안은 울기, 발작, 얼어붙거나 매달리는 것으로 표현될 수 있다.

B. 공포 대상이나 상황은 대부분의 경우 즉각적인 공포나 불안을 유발한다.
C. 공포 대상이나 상황을 능동적으로 회피하거나 아주 극심한 공포나 불안을 지닌 채 참아낸다.
D. 공포나 불안이 특정 대상이나 상황이 줄 수 있는 실제 위험에 대한 것보다 극심하며 사회문화적 맥락에서 통상적으로 받아들여지는 것보다 심하다.
E. 공포, 불안, 또는 회피 반응은 전형적으로 6개월 이상 지속된다.
F. 공포, 불안, 또는 회피는 사회적, 직업적, 또는 다른 중요한 기능 영역에서 임상적으로 현저한 고통이나 손상을 초래한다.
G. 장해가 다른 정신질환으로 더 잘 설명되지 않는다. 공포, 불안, 또는 회피가 광장공포증에서 공황 유사 증상이나 다른 당황스러운 증상들과 관련된 상황, 강박장애에서 강박사고와 연관된 대상이나 상황, 외상후 스트레스장애에서 외상 사건을 상기시키는 것, 분리불안장애에서 집이나 애착 대상으로부터 분리되는 것, 사회불안장애에서의 사회적 상황과 연관된 경우가 아니어야 한다.

다음의 경우 명시할 것:

공포 자극을 기준으로 한 부호화

300.29 (F40.218) 동물형(예, 거미, 곤충, 개)

300.29 (F40.228) 자연환경형(예, 고공, 폭풍, 물)

300.29 (F40.23x) 혈액-주사-부상형(예, 바늘, 침투적인 의학적 시술)

부호화 시 주의점: ICD-10-CM 부호에서는 다음과 같다. F40.230: 혈액에 대한 공포, F40.231: 주사, 수혈에 대한 공포, F40.232: 기타 의학적 도움에 대한 공포, F40.233: 부상에 대한 공포

300.29 (F40.248) **상황형**(예, 비행기, 엘리베이터, 밀폐된 장소)

300.29 (F40.298) **기타형**(예, 질식, 구토를 유발하는 상황. 아이들의 경우, 예를 들면 큰 소리나 가장 인물들[가장 캐릭터])

부호화 시 주의점: 만약 하나 이상의 공포 자극이 있다면 모든 적용 가능한 ICD-10-CM 부호를 적어야 한다(예, 뱀과 비행기를 무서워한다면 F40.218 특정공포증 동물형과 F40.248 특정공포증 상황형을 모두 적는다).

진단범주 A, B

특정 자극에 노출되면 촉발되는 뚜렷한 공포나 불안이 있다. '뚜렷한marked'이라는 용어는 "극심한intense"이라는 조작적 용어로 사용되어 왔다. "공포나 불안"이라는 구문은 불안장애에서 지속적으로 사용되고 있다. 공포스러운 대상이나 상황은 거의 언제나 즉각적인 공포나 불안을 야기한다.

진단기준 C

자극에 의해 촉발되는 공포나 불안에 대해서는 일반적으로 2가지 반응이 있다. 개인이 특정 자극에 노출되는 상황을 피하거나, 자신을 공포스러운 대상이나 상황에 노출시키면서 공포나 불안을 견디는 것이다. DSM-5에서는 경미한 정도의 두려움에 대한 과잉진단을 최소화하기 위해 "능동적 회피actively avoided"라는 문구가 추가되었다.

진단기준 D

공포나 불안이 주어진 대상이나 상황에 따른 실제 위험에 비해 과도한 정도이거나 필요 이상으로 극심하다. 즉, 공포나 불안이 특정 상황의 실제 위험 정도보다 훨씬 더 큰 경우다. 특정공포증이 있는 사람들은 흔히 자신들이 상황에 비해 과도한 반

응을 보이고 있다는 사실을 인식하지만, 두려워하는 상황에서 위험을 과대평가하는 경향이 있다. 따라서 주어진 상황에 비해 과도하다는 판단은 개인의 자기보고 내용을 기초로만 이루어져서는 안 된다. DSM-IV의 진단기준 C에는 개인이 공포나 불안이 과도하다는 사실을 인식하고 있어야 한다는 필수요건이 명시되어 있다. 그러나 이 필수요건에는 아동에게서는 나타나지 않을 수도 있다고 명시되어 있다. 자기인식에 관한 문구는 삭제되었는데, 그 이유는 많은 성인이 자신들의 공포가 실제 상황에 걸맞지 않거나 과도하다는 사실을 부인하기 때문이다. 또한 아동기에는 많은 경우 이러한 특징이 나타나지 않아야 한다는 문구가 삭제되었기 때문이다. 이 진단기준에 의하면, 사회문화적 맥락이 반드시 고려되어야 한다.

진단기준 E

"전형적으로 6개월 이상 지속되어야 한다."(절단점은 너무 경직되게 적용되어서는 안 된다고 본문에 명시되어 있음)는 기간에 대한 진단기준은 일과성 공포와 공포증의 과잉진단을 최소화하기 위해 마련되었다. 18세 미만의 아이들에 대한 기간 진단기준(6개월 이상)은 DSM-IV에서 만들어졌는데, 일과성 공포와 공포증이 성인기에도 발병한다는 증거가 있어서, 현재 이 기준은 전체 연령 집단에 확대 적용되고 있다.

진단기준 F

공포, 불안, 또는 회피는 임상적으로 심각한 고통 또는 기능 손상을 초래할 필요가 있다. 예를 들어, 고소공포 때문에 주 박람회[state fair]에서 회전 관람차[ferris wheel] 탑승을 회피하는 사람은 여전히 박람회에서 좋은 시간을 보낼 수 있고, 이러한 공포심이 이러한 경험에 어떻게 영향을 미치는지에 대해 신경 쓰지 않아도 될 것이다. 사람들 중에는 자신의 환경을 조절함으로써 공포증에 대처하려는 사람들이 있다(예, 뱀을 무서워하는 사람의 동물원 회피). 이러한 사례에서 손상은 최소 또는 존재하지 않을 것이고, 이 사람의 증상은 진단기준에 부합되지 않을 것이다. 예를 들어, 환경 조절이 업무에 영향을 미친다면, 이는 심각한 저해의 원인이 될 수 있다.

진단기준 G

회피는 많은 장애의 특징이다(예, 강박장애, 광장공포증). 회피가 대상이나 상황과 관련이 있고, 다른 장애에 의해 설명되지 않는 경우에 한해서 특정공포증으로 진단되어야 한다.

명시자

명시자는 공포 자극의 전반적인 범주를 반영하고 있다. DSM-5에서는 "기타other" 범주에서 질병 감염 공포에 대한 내용이 삭제되었다. 그 이유는 이 공포가 강박장애와 건강염려증hypochondriasis과 관련이 있기 때문이었다(건강염려증은 DSM-5에서는 신체증상장애로 대체되었고, 소수의 사례에서는 질병불안장애로 대체됨).

사회불안장애(사회공포증)

사회불안장애social anxiety disorder에는 타인에게 면밀하게 관찰될 수 있거나 낯선 사람들과의 접촉을 비롯한 사회적 상황에 대한 공포나 불안이 포함된다. 이 장애가 있는 사람들은 전형적으로 대중 앞에서 말하거나 새로운 사람들과의 만남 등의 사회적 상황에서 당혹스럽게 되는 것을 두려워한다. 이 장애에는 쓰기, 음식 먹기, 또는 다른 사람들 앞에서 말하는 것과 같은 특정 활동수행에 관한 특정 공포나 불안이 포함된다. 또한 자신을 당혹스럽게 하거나 바보스러운 느낌을 줄 수 있는 애매모호한 불특정 공포도 포함된다. 임상가는 많은 사람들이 최소한의 사회적 불안이나 자기의식self-consciousness을 보인다는 사실을 인식해야 한다. 지역조사에 의하면, 사람들의 약 1/3이 사회적 상황에서 다른 사람들보다 더 불안해한다고 여긴다. 이런 불안이 개인의 바람직한 활동 참여를 저해하거나, 뚜렷한 고통을 초래하는 경우에 한해서 장애가 될 수 있다.

사회불안장애(사회공포증) 진단기준 300.23 (F40.10)

A. 타인에게 면밀하게 관찰될 수 있는 하나 이상의 사회적 상황에 노출되는 것을 극도로 두려워하거나 불안해한다. 그러한 상황의 예로는 사회적 관계(예, 대화를 하거나 낯선 사람을 만나는 것), 관찰되는 것(예, 음식을 먹거나 마시는 자리), 다른 사람들 앞에서의 수행(예, 연설)을 들 수 있다.

주의점: 아동의 경우, 성인과의 관계가 아니라 아이들 집단 내에서 불안해할 때만 진단해야 한다.

B. 다른 사람들에게 부정적으로 평가되는 방향(수치스럽거나 당황한 것으로 보임, 다른 사람을 거부하거나 공격하는 것으로 보임)으로 행동하거나 불안 증상을 보일까 봐 두려워한다.

C. 이러한 사회적 상황이 거의 항상 공포나 불안을 일으킨다.

주의점: 아동의 경우, 공포와 불안은 울음, 분노발작, 얼어붙음, 매달리기, 움츠러듦, 혹은 사회적 상황에서 말을 하지 못하는 것으로 표현될 수 있다.

D. 이러한 사회적 상황을 회피하거나 극심한 공포와 불안 속에 견딘다.

E. 이러한 불안과 공포는 실제 사회 상황이나 사회문화적 맥락에서 볼 때 실제 위험에 비해 비정상적으로 극심하다.

F. 공포, 불안, 또는 회피는 전형적으로 6개월 이상 지속되어야 한다.

G. 공포, 불안, 또는 회피는 사회적, 직업적, 또는 다른 중요한 기능 영역에서 임상적으로 현저한 고통이나 손상을 초래한다.

H. 공포, 불안, 또는 회피는 물질(예, 남용약물, 치료약물)의 생리적 효과나 다른 의학적 상태로 인한 것이 아니다.

I. 공포, 불안, 또는 회피는 공황장애, 신체이형장애, 자폐스펙트럼장애와 같은 다른 정신질환으로 더 잘 설명되지 않는다.

J. 만약 다른 의학적 상태(예, 파킨슨병, 비만, 화상이나 손상에 의한 신체 훼손)가 있다면, 공포, 불안, 또는 회피는 이와 무관하거나 혹은 지나칠 정도다.

다음의 경우 명시할 것:

수행형 단독: 만약 공포가 대중 앞에서 말하거나 수행하는 것에 국한될 때

진단범주 A, B

이 항목들은 다음의 3가지 맥락을 다루고 있다. 즉, 사회불안장애는 ① 사회적 상호작용, ② 다른 사람들에 의해 관찰되는 상황, ③ 다른 사람들 앞에서 수행해야 하는 상황에서 가장 흔히 발생한다. 진단기준 B에는 "부정적으로 평가되는"이라는 보다 넓은 구문하에 '수치감humiliation과 당혹감embarrassment'이 발생하게 되고, 이것이 사회불안장애의 핵심적인 두려움이라고 명시되어 있다. "다른 사람들을 공격하는"이라는 문구는 문화적 민감성을 높이기 위해 추가된 것이다. 일부 문화권에서는 다른 사람들을 불편하게 할 것에 대한 염려로 인해 두려움이 발생하기도 한다.

진단기준 C

이 진단기준은 사회적 불안이 조건화된 자극 반응이라는 점을 강조하고 있다. 게다가 이 기준에서는 아동의 경우 공포와 불안이 다양한 방식으로 발현될 수 있다는 점을 명확히 밝히고 있다(예, 분노발작).

진단기준 D

사회불안장애가 있는 사람들 중에는 불안을 야기하는 상황을 회피하는 사람들도 있지만, 불안이나 공포가 극심한 경우에조차 불안을 야기하는 환경을 참고 견디는 사람들도 있다.

진단기준 E

사회불안장애가 있는 사람들은 흔히 자신의 공포가 상황에 비해 과도하다는 사실을 인식하기 어려워한다. 그러므로 임상가는 이를 판단하기에 좋은 위치에 있다. "실제 위협적인 상황에 걸맞지 않은"이라는 문구를 사용한 것은 DSM-IV에서의 "과도하거나 비합리적인"이라는 문구가 의미했던 것을 조작적으로 사용하기 위함이다. DSM-IV의 진단기준 C에는 아동의 경우 자기인식self-recognition이 없을 수 있다는 문구가 포함되어 있었으나 삭제되었다. 끝으로, DSM-5의 항목은 임상가에게 "사회문화적 맥락sociocultural context"을 고려하도록 상기시켜 주고 있다.

진단기준 F

18세 미만의 아이들에게 있어서 6개월 이상의 기간을 요구했던 DSM-IV의 필수 요건은 이젠 전체 연령 집단으로 확대되었다. 이러한 변화는 일과성 사회적 불안이 성인기에도 발생할 수 있다는 데이터에 기초한 것이었다. 이러한 기간에 관한 진단기준은 일과성 사회적 불안에 대한 과잉진단을 최소화시키는 데 도움이 된다.

진단범주 G, H, I, J

대부분의 사람은 삶의 어떤 시점에서 사회적 불안을 경험한다. 진단기준 G에는 증상이 심각한 손상 또는 고통의 원인이 되어야 한다고 명시되어 있다. 이 진단기준은 사회불안장애의 과잉진단을 막고 있다. 많은 장애의 특징은 사회적 상황에 대한 공포다. 사회불안장애는 회피가 물질이나 치료약물의 효과로 인한 것이 아니고, 다른 정신장애에 의해 더 잘 설명되지 않으며, 다른 의학적 상태와 관련이 없는 경우에 한해서 진단되어야 한다(진단범주 H, I, J).

명시자

증거에 의하면, "수행형 단독" 명시자는 다른 병리생리학적 연관성과 치료 반응이 있는 보다 큰 사회불안장애 집단의 하위 세트다.

공황장애

공황장애panic disorder는 지속적인 걱정 또는 행동 변화가 동반된 재발성 공황발작

패턴이 특징이다. 그러므로 공황장애가 있는 사람들은 실제 발작과는 별도로 불안 증상과 기능 손상을 경험한다. 공황발작은 아무런 촉발 요인 또는 환경적 단서 없이 자발적으로 일어난다. 공황장애와 광장공포증 사이의 관계에는 상당히 흥미로운 점이 있었다. DSM-IV에는 광장공포증이 있는 공황장애와 광장공포증이 없는 공황장애에 대해 기술되어 있다. 하지만 이러한 구분은 의미가 없다는 이유로 DSM-5에는 포함되지 않았다. 공황장애는 흔히 광장공포증 외에도 특히 불안장애와 우울장애와 같은 여러 정신질환과 동반 발병된다.

공황장애는 DSM-III에 포함되었고, 독립된 장애로 인식되었다. DSM-III에서 DSM-IV-TR에 이르기까지 공황장애와 광장공포증은 밀접하게 연결되어 있었다. DSM-IV에서 개념화된 것처럼, 광장공포증에는 변함없이 자발적으로 고조되는 불안의 형태들이 포함되어 있다. 그렇지만 이 삽화들은 공황발작의 정식 진단 범주를 충족시키지 못한다. DSM의 초기본과 ICD-10에서 광장공포증은 공황장애와 덜 밀접하게 연결되어 있는 것으로 간주되었다.

공황장애 진단기준 300.01 (F41.0)

A. 반복적으로 예상하지 못한 공황발작이 있다. 공황발작은 극심한 공포와 고통이 갑작스럽게 발생하여 수분 이내에 최고조에 이르러야 하며, 그 시간 동안 다음 중 4가지 이상의 증상이 나타난다.

주의점: 갑작스러운 증상의 발생은 차분한 상태나 불안한 상태에서 모두 나타날 수 있다.

1. 심계항진, 가슴 두근거림 또는 심장 박동 수의 증가
2. 발한
3. 몸이 떨리거나 후들거림
4. 숨이 가쁘거나 답답한 느낌
5. 질식할 것 같은 느낌
6. 흉통 또는 가슴 불편감
7. 메스꺼움 또는 복부 불편감
8. 어지럽거나 불안정하거나 멍한 느낌이 들거나 쓰러질 것 같음
9. 춥거나 화끈거리는 느낌

10. 감각이상paresthesias(감각이 둔해지거나 따끔거리는 느낌)
11. 비현실감derealization(현실이 아닌 것 같은 느낌) 혹은 이인증(나에게서 분리된 느낌)
12. 스스로 통제할 수 없거나 "미칠 것 같은going crazy" 두려움
13. 죽을 것 같은 공포

주의점: 문화 특이적 증상(예, 이명tinnitus, 목의 따끔거림, 두통, 통제할 수 없는 소리 지름이나 울음)도 보일 수 있다. 이러한 증상들은 위에서 진단에 필요한 4가지 증상에는 포함되지 않는다.

B. 적어도 1회 이상의 발작 이후에 1개월 이상 다음 중 한 가지 이상의 조건을 만족해야 한다.

1. 추가적인 공황발작이나 그에 대한 결과(예, 통제 상실, 심장발작, 미치는 것)에 대한 지속적인 걱정
2. 발작과 관련된 행동으로 현저하게 부적응적인 변화가 일어난다(예, 공황발작을 회피하기 위한 행동으로 운동이나 익숙하지 않은 환경을 피하는 것 등).

C. 장해는 물질(예, 남용약물, 치료약물)의 생리적 효과나 다른 의학적 상태(예, 갑상선기능항진증, 심폐질환)로 인한 것이 아니다.

D. 장해가 다른 정신질환으로 더 잘 설명되지 않는다(예, 사회불안장애에서처럼, 공포스러운 사회적 상황에서만 발작이 일어나서는 안 된다. 특정공포증에서처럼 공포 대상이나 상황에서만 나타나서는 안 된다. 강박장애에서처럼, 강박사고에 의해 나타나서는 안 된다. 외상후 스트레스장애에서처럼 외상성 사건에 대한 기억에만 관련되어서는 안 된다. 분리불안장애에서처럼 애착 대상과의 분리에 의한 것이어서는 안 된다).

진단범주 A, B

공황장애로 진단되려면, 지속적인 재발성 및 "예기치 못한" 공황발작이 필수적으로 있어야 한다. 그리고 적어도 한 가지는 추가적인 발작에 대한 지속적 관심, 걱정, 또는 발작과 관련된 행동 변화와 연관이 있어야 한다. 이 발작의 기능 손상에 대한 임상가들의 이해를 돕기 위한 예들이 제시되어 있다.

진단범주 C, D

공황장애는 유사한 증상들을 나타내는 의학적 상태와 반드시 감별되어야 한다. 공황발작은 갑상선기능저하와 갑상선기능항진 상태, 부갑상선기능항진증

hyperparathyroidism, 크롬친화세포종pheochromocytomas 등의 다양한 내분비계 장애와 연관이 있었다. 삽화성 저혈당증hypoglycemia 역시 공황 증상의 원인이 될 수 있다. 발작장애, 전정신경vestibular 기능이상, 체내 신생물arrhyth- mias, 처방 및 불법 물질, 그리고 심장 및 폐 문제(예, 부정맥, 만성 폐쇄성 폐렴, 천식) 모두 공황 증상을 유발시킬 수 있다. 공황 증상의 근원적인 의학적 원인에 대한 단서로는 공황발작이 일어나는 동안의 비전형적 양상이 포함된다. 비전형적 양상으로는 ① 운동실조ataxia, 의식 변화, 또는 방광 통제곤란, ② 비교적 생애 후반에 공황장애 발병, 또는 ③ 의학적 상태를 가리키는 신체적 징후와 증상들이 있다.

또한 공황장애는 특히 다른 불안 상태와 같은 여러 정신장애들과 감별되어야 한다. 범불안장애와의 감별은 때로 어려울 수 있지만, 고전적인 공황발작은 급속 발병과 짧은 기간이 특징이다. 이는 범불안장애와 연관된 불안과는 대조적인데, 이 장애는 보다 더 서서히 나타났다가 소멸된다. 불안은 또한 흔히 정신병적 장애와 기분장애를 비롯한 여러 기타 정신병적 장애를 동반한다.

공황발작 명시자

공황발작panic attack은 불편한 신체적 감각을 유발하는 수분에서 수 시간 동안 지속되는 극심한 공포나 불편감이 급작스럽게 나타나는 삽화다. 공황발작은 보통 갑자기 시작해서 수분 내에 절정에 다다르며, 개인을 놀라게 한다. 공황발작이 일어나는 경우, 그 사람은 자신이 통제력 상실, 심장마비, 또는 죽어 가고 있다고 믿을 수 있다. 많은 사람들의 경우, 스트레스를 받는 시간 동안 공황발작만을 겪을 뿐, 이러한 발작은 반복해서 나타나지 않는다. 공황발작은 다양한 정신병리적 상태로 발생할 수 있다.

프로이트는 불안신경증anxiety neurosis을 중간 정도의 영구성 불안과 불안발작 상태의 공존이라고 정의하였다. 이러한 상태의 발현은 오늘날의 공황발작과 유사했다. 그 후, 불안신경증은 급성 불안발작(예, 공황발작)과 중간 정도의 지속적 불안(현재는 '범불안장애'로 불림) 상태로 세분화되었다. 이 구분은 연구 진단기준Research Diagnostic Criteria(Spitzer et al. 1975)에 실렸고, 수년 후 DSM-III에 등장하였다.

중요하게도, DSM-5에서 언급된 것처럼, 공황발작은 다른 정신장애(예, 우울장애, 외상후 스트레스장애)와 일부 의학적 상태(예, 심장성, 호흡기성, 전정기관성, 소화기관성)와 마찬가지로 불안장애의 명시자로 사용될 수 있다. 공황발작의 발현이 확인되는 경우, "공황발작 동반" 명시자(예, 공황발작을 동반한 외상후 스트레스장애)로 기록되어야 한다.

공황발작 명시자

주의점: 증상은 공황발작을 확인하기 위한 목적으로 기술되었다. 하지만 공황발작은 정신질환이 아니기 때문에 부호화될 수 없다. 공황발작은 다른 불안장애나 다른 정신질환(예, 우울장애, 외상후 스트레스장애, 물질사용장애), 그리고 몇몇 의학적 상태(예, 심장성, 호흡기성, 전정기관성, 소화기관성)에서 나타날 수 있다. 만약 공황발작이 확인된다면, 이런 경우 명시자로서 표현해야 한다(예, 공황발작 동반 외상후 스트레스장애). 공황장애에 있어서 공황발작은 진단기준에 포함되기 때문에 특정 양상으로 기술되지 않는다.

공황발작은 극심한 공포와 고통이 갑작스럽게 발생하여 수분 이내에 최고조에 이르러야 하며, 그 시간 동안 다음 중 4가지 이상의 증상이 나타난다.

주의점: 갑작스러운 증상의 발생은 차분한 상태나 불안한 상태에서 모두 나타날 수 있다.

1. 심계항진, 가슴 두근거림 또는 심장 박동 수 증가
2. 발한
3. 몸이 떨리거나 후들거림
4. 숨이 가쁘거나 답답한 느낌
5. 질식할 것 같은 느낌
6. 흉통 또는 가슴 불편감
7. 메스꺼움 또는 복부 불편감
8. 어지럽거나 불안정하거나 멍한 느낌이 들거나 쓰러질 것 같음
9. 춥거나 화끈거리는 느낌

10. 감각이상(감각이 둔해지거나 따끔거리는 느낌)
11. 비현실감(현실이 아닌 것 같은 느낌) 혹은 이인증(나에게서 분리된 느낌)
12. 스스로 통제할 수 없거나 미칠 것 같은 두려움
13. 죽을 것 같은 공포

주의점: 문화 특이적 증상(예, 이명, 목의 따끔거림, 두통, 통제할 수 없는 소리 지름이나 울음)도 보일 수 있다. 이러한 증상들은 위에서 요구된 4가지 증상에는 포함되지 않는다.

공황발작은 그 자체로는 부호화할 수 없는 장애다. 갑작스러운 공포 삽화는 여러 상황에서 발생한다. 건강한 사람이라도 갑작스러운 극도의 위험 상황에 직면하게 되는 경우, 공황발작을 경험할 수 있다. 또한 고소공포증이 있는 사람이 공포스러운 상황에 직면하는 경우, 공황발작을 경험할 수 있다. DSM-5에서는 공황발작은 이들이 발생하게 되는 특정 장애의 명시자로 반드시 기재하도록 요구하고 있다. 명시자의 중요성에 대한 강조는 공황발작이 다른 정신병리 형태의 심각도를 예측한다는 사실을 입증하는 데이터에 기초한 것이다. 적어도 4가지 증상이 부합되는 사람은 공황발작의 보유자로 진단된다. DSM-IV의 현장 적용으로부터의 자료를 통해 4가지 증상 역치가 최적임이 확인되었다.

DSM-5의 증상들은 DSM-IV로부터 변화되지 않았지만, 현재 이 증상들은 가장 흔한 것에서부터 가장 덜 흔한 순서대로 배열되어 있다. 게다가 DSM-IV의 "일과성 열감hot flushes" 증상은 "열감heat sensations"으로 대체되었다. 임상가의 문화기반 증상에 대한 인식을 높이기 위해 맺음말이 포함되어 있다. 예를 들어, 감각이상paresthesias은 아프리카계 미국인들 사이에서, 떨림 증상은 카리브해 라틴계 사람들 사이에서, 그리고 이인증depersonalization/비현실감derealization 증상은 푸에르토리코 사람들에게서 높은 비율로 발생하고 있다.

광장공포증

광장공포증agoraphobia은 19세기 말 공공장소를 두려워했던 사람들에 관하여 기술했던 웨스트팔Westphal에 의해 처음으로 밝혀졌다(Goodwin and Guze 1989). 광장공포증은 DSM-III에서 처음 소개되었고, 독자적인 증후군으로 부호화되었다. 이 장애는 "혼자 있는 것, 그리고 갑작스럽게 무기력하게 되는 경우에 그 상황에서 벗어나기 어렵거나 도움을 받을 수 없을 것 같은 공공장소에 대한 뚜렷한 공포와 회피"가 특징이다(p. 226). DSM-III-R에서 광장공포증은 공황발작에 고전적 조건화된 반응이라고 구체적으로 정의되었다. 광장공포증은 공황발작의 과거력이 없어도 진단될 수 있지만, 이런 경우는 드물다. 그러므로 광장공포증은 개념적으로 공황발작과 연결되어 있을 뿐 아니라, 명시적·배타적으로 이차성 합병증secondary complication으로 보였다. DSM-IV에서 광장공포증은 공황장애의 맥락, 또는 공황발작이나 공황 유사 증상의 결과로서만 진단될 수 있다(예, 광장공포증은 현기증 또는 설사와 같은 공황 증상 발달에 대한 공포와 관련이 있었음). 그러나 지역 표본에서 광장공포증이 있는 사람들 대부분은 공황발작이나 공황 유사 증상 또는 광장공포증적 회피 발병에 앞서 명백하게 나타나는 다른 유형의 정신생리적 증상들을 경험해 본 적이 없었다. DSM-5에서 광장공포증은 공황장애나 공황발작과는 별도의 부호화가 가능한 장애다(Wittchen et al. 2010).

광장공포증 진단기준 **300.22 (F40.00)**

A. 다음 5가지 상황 중 2가지 이상의 경우에서 극심한 공포나 불안을 느낀다.

1. 대중교통을 이용하는 것(예, 자동차, 버스, 기차, 배, 비행기)
2. 열린 공간에 있는 것(예, 주차장, 시장, 다리)
3. 밀폐된 공간에 있는 것(예, 상점, 공연장, 영화관)
4. 줄을 서 있거나 군중 속에 있는 것
5. 집 밖에 혼자 있는 것

B. 공황 유사 증상이나 무능력하거나 당혹스럽게 만드는 다른 증상(예, 노인의 경우, 낙상에 대한 공포, 실금에 대한 공포)이 발생했을 때 도움을 받기 어렵거나 그 상황에서 벗어나기 어려울 것이라는 생각 때문에 그런 상황을 두려워하고 피한다.
C. 광장공포증 상황은 거의 대부분 공포와 불안을 야기한다.
D. 광장공포증 상황을 능동적으로 회피하거나, 동반자를 필요로 하거나, 극도의 공포와 불안 속에서 견딘다.
E. 광장공포증 상황과 그것의 사회문화적 배경을 고려할 때 실제로 주어지는 위험에 비해 공포와 불안의 정도가 극심하다.
F. 공포, 불안, 또는 회피 반응은 전형적으로 6개월 이상 지속된다.
G. 공포, 불안, 또는 회피가 사회적, 직업적, 또는 다른 중요한 기능 영역에서 임상적으로 현저한 고통이나 손상을 초래한다.
H. 만약 다른 의학적 상태(예, 염증성 장질환, 파킨슨병)가 동반된다면, 공포, 불안, 회피 반응이 명백히 과도해야만 한다.
I. 공포, 불안, 또는 회피가 다른 정신질환으로 더 잘 설명되지 않는다. 예를 들어, 증상이 특정공포증의 상황형에 국한되어서는 안 된다. (사회불안장애에서처럼) 사회적 상황에서만 나타나서는 안 된다. (강박장애에서처럼) 강박사고에만 연관되거나, (신체이형장애에서처럼) 신체 외형의 손상이나 훼손에만 연관되거나, (외상후 스트레스장애에서처럼) 외상 사건을 기억하게 할 만한 사건에만 국한되거나, (분리불안장애에서처럼) 분리에 대한 공포에만 국한되어서는 안 된다.

주의점: 광장공포증은 공황장애 유무와 관계없이 진단된다. 만약 공황장애와 광장공포증의 진단기준을 모두 만족한다면 2가지 진단이 모두 내려져야 한다.

진단기준 A

광장공포증이 있는 사람은 반드시 진단기준에 수록된 5가지 일반적인 상황 중 적어도 2가지에서 야기되는 공포나 불안을 보고해야 한다. 적어도 2가지 상황에서 증상이 나타나야 한다는 필수요건은 광장공포증과 특정공포증을 감별하는 역할을 한다. 특정공포증의 필수요건은 한 가지 특정 상황에 국한되어 있다. 또한 공포나 불안은 독자적으로 그 상황들과 관련이 있고, 개인이 다수의 상황에서 경험하는 좀 더 일반화된 불안으로 인한 것이 아니어야 한다.

진단기준 B

광장공포증으로 진단되려면, 개인이 공포 또는 회기와 관련된 인지적 관념 요소를 가지고 있어야 한다. 이 진단기준은 특정 상황을 벗어나기 어려울 거라는 공포와 같은 회피의 동기를 강조하고 있다. 더욱이, 광장공포증의 인지적 측면은 "공황 유사 증상 또는 다른 무력화나 당혹스러운 증상이 유발되는 경우에 도움을 받을 수 없을 것 같다."는 사고 때문에 그 상황에 대한 공포나 회피와 연관될 수 있다(예, 노인들의 낙상에 대한 공포, 실금에 대한 공포). 따라서 공황 유사 증상이 없는 경우에도 광장공포증으로 진단될 수 있다.

진단기준 C

이 진단기준에서는 상황이 거의 언제나 공포나 불안을 야기해야 한다고 요구하고 있다는 점에서, 결과적으로 진단의 역치가 높아졌다. 공포로 인한 상황 회피가 1회 또는 간헐적으로 발생한 경우에는 이 진단기준을 충족시킬 수 없다.

진단기준 D

DSM-5에는 경미한 공포에 대한 과잉진단을 최소화하기 위해 "능동적 회피actively avoided"라는 구문이 포함되어 있다.

진단기준 E

이 진단기준은 새로운 것으로, 신뢰도를 높이고 정상적인 공포와 분리시키는 데 사용된다. 이 진단기준은 임상가의 판단을 환기시킨다(예, 자기인식). 예를 들어, 실금incontinence의 과거력이 있는 사람은 장시간 집 떠나는 것을 거부하지만, 그 외에는 합리적인 생활을 할 수 있다. 만일 이 사람이 실금의 단일 삽화만 있고, 여러 해 동안 집 떠나기를 거부해 왔다면, 과도한 정도의 공포가 될 것이다.

진단기준 F

일과성 공포나 불안에 대한 과잉진단을 피하기 위해 기간은 전형적으로 6개월 이상으로 명시되었다. 이 요건은 종전에는 필수요건이 아니었다.

진단범주 G, H, I

광장공포증과 연관된 손상의 정도는 오직 상황만을 회피하는 것에서 바깥출입을 전혀 못하는 정도까지 다양할 수 있다(진단기준 G). 이 진단기준은 광장공포증이 있는 사람들과 경미하거나 일과성 공포가 있는 사람들을 보다 잘 구분하기 위해 마련되었다.

광장공포증의 핵심적인 특징은 다른 여러 장애에서도 나타날 수 있는 증상인 회피다. 임상가들은 회피행동이 나타나는 다른 의학적 상태(예, 염증성 장질환)를 배제해야 한다(진단기준 H). 다른 정신장애(예, 강박장애) 역시 배제될 필요가 있다(진단기준 I).

범불안장애

범불안장애generalized anxiety disorder는 걱정의 초점이 되는 사건이나 환경이 주는 충격에 걸맞지 않게 잦고 지속적인 과도한 불안과 걱정 패턴이 특징이다. 범불안장애가 있는 사람들은 자신들의 걱정이 과도하다는 사실을 인정하지 않을 수 있지만, 걱정 때문에 괴로움을 겪는다. 이러한 걱정 패턴은 "적어도 6개월 미만 동안" 발생한다(진단기준 A). 이 사람들은 이러한 걱정을 통제하기 어렵다는 사실을 알게 되고, 6가지 신체적 또는 인지적 증상(또는 아동의 경우 한 가지 증상) 중 적어도 3가지 증상을 보고하게 된다.

범불안장애는 불안신경증에서 분리되어 DSM-III에 처음으로 소개되었다. 이

장애는 본래 배제 진단diagnosis of exclusion으로 간주되었다. 이 장애는 "다른 정신장애에 의해 발병되는" 장애가 아니기 때문이었다. DSM-III에서는 또한 1개월의 증상 지속 기간이 필수요건이었다. 그러나 그 후 진단의 낮은 신뢰도에 관한 우려의 소리가 높아졌다. DSM-III-R에서는 기간이 6개월로 높였고, 증상 목록이 확대되었다. 또한 DSM-III-R에서는 증상이 다른 장애로 인한 것이 아닌 사람들에 대해 국한되었던 계층적 규정의 일부가 삭제되었다. 끝으로, DSM-IV에서는 연관된 증상 목록이 18가지에서 6가지로 단순화되었고, 적어도 3가지 증상만을 보여도 진단이 가능하게 되었다. 이는 걱정의 침습성을 더욱 강조한 조치였다. 그리고 진단범주는 아동기 발현을 수용하기 위한 공간을 제공하기 위해 수정되었다. DSM-IV에서는 발달시기 내내 걱정에 대한 접근을 통합하기 위한 시도가 이루어졌다. DSM-5에서 진단은 단어 수정과 진단범주의 재편성을 제외하고는 DSM-IV에서 변화된 것이 거의 없다.

범불안장애 진단기준 **300.02 (F41.1)**

A. (직장이나 학업과 같은) 수많은 일상활동에 있어서 지나치게 불안해하거나 걱정(우려하는 예측)을 하고, 그 기간이 최소한 6개월 이상으로 그렇지 않은 날보다 그런 날이 더 많아야 한다.

B. 이런 걱정을 조절하기 어렵다고 느낀다.

C. 불안과 걱정은 다음의 6가지 증상 중 적어도 3가지 이상의 증상과 관련이 있다(지난 6개월 동안 적어도 몇 가지 증상이 있는 날이 없는 날보다 더 많다).

주의점: 아동의 경우, 한 가지 증상만 만족해도 된다.

1. 안절부절못하거나 낭떠러지 끝에 서 있는 느낌
2. 쉽게 피곤해짐
3. 집중하기 힘들거나 머릿속이 하얗게 되는 것
4. 과민성
5. 근육의 긴장
6. 수면교란(잠들기 어렵거나 유지가 어렵거나 밤새 뒤척이면서 불만족스러운 수면 상태)

D. 불안, 걱정, 또는 신체 증상이 사회적, 직업적, 또는 다른 중요한 기능 영역에서 임상적으로

현저한 고통이나 손상을 초래한다.

E. 장해가 물질(예, 남용약물, 치료약물)의 생리적 효과나 다른 의학적 상태(예, 갑상선기능항진증)로 인한 것이 아니다.

F. 장해가 다른 정신질환으로 더 잘 설명되지 않는다(예, 공황장애에서 공황발작을 일으키는 것, 사회불안장애[사회공포증]에서 부정적 평가, 강박장애에서 오염이나 다른 강박사고, 분리불안장애에서 애착 대상과의 분리, 외상후 스트레스장애에서 외상 사건을 상기시키는 것, 신경성 식욕부진증에서 체중 증가, 신체증상장애에서 신체적 불편, 신체이형장애에서 지각된 신체적 결점, 질병불안장애에서 심한 질병, 조현병이나 망상장애에서 망상적 신념의 내용에 대해 불안해하거나 걱정하는 것).

진단범주 A, B

범불안장애는 정상적인 걱정과 같지 않다. 이 진단범주는 이 2가지를 구별하기 위한 것이다. 장애로 간주하기에 충분한 정도의 걱정은 반드시 과도한 정도여야 한다. 걱정의 강도, 빈도수, 초점에 대한 평가는 불안이 과도한지의 여부에 대한 단서를 제공한다. 6개월이라는 최소 기간에 대한 필수요건이 설정됨으로써 걱정의 원인이 되는 삽화성 또는 단기 사건들과 범불안장애를 충분히 감별할 수 있게 되었다. 더욱이 이 장애가 있는 사람은 걱정을 통제하기 어렵다는 것을 알고 있어야 한다.

진단기준 C

이 항목에는 범불안장애의 신체적·인지적 측면이 포함되어 있다. 성인은 3가지 이상의 증상, 아동에 대해서는 한 가지 증상을 요구하는 필수요건은 DSM-IV로부터 변화되지 않았다.

진단기준 D

이 진단기준에는 정상적인 걱정은 병리적인 것이 되지 않을 것이라는 역치가 설정되어 있다. 걱정이 심각한 고통 또는 손상의 원인이 된다는 필수요건은 걱정이 심하지 않은 상태에서 개인이 이 진단을 받는 것을 방지하기 위한 것이다.

진단범주 E, F

불안은 물질사용과 몇몇 의학적 상태로 인해 자주 나타나는 증상으로, 이러한 상태들은 반드시 배제되어야 한다. 불안이나 걱정은 또한 여러 정신장애를 정의하는 특징 또는 부수적 특징이기도 하다. 진단기준 F에는 다른 진단들에서 다루고 있는 걱정의 예들이 제시되어 있다. 이는 다른 상태에 의해 다루어지지 않은 걱정들에 대해 범불안장애 진단을 내릴 수 있도록 하고 있다. 그러나 걱정이 다른 장애의 특정 증상 이상으로 확대된 경우에는 추가로 범불안장애로 진단할 수 있다.

물질/약물치료로 유발된 불안장애

물질/약물치료로 유발된 불안장애substance/medication-induced anxiety disorder가 있는 사람들에게 있어서 임상적으로 심각한 공황 증상, 걱정, 공포증, 또는 강박사고가 처방약물 또는 불법물질 사용의 맥락에서 나타난다. 감별진단을 위해서는 다른 불안장애들 중의 하나가 진단되기 전에 물질사용과 약물치료는 가능한 불안의 원인으로 배제시키는 것이 필수적이다. 임상가들은 모든 환자들의 물질사용 상태를 늘 기록으로 남겨야 하고, 모든 치료약물들을 기록해야 한다.

불안해하는 사람을 만나게 되는 경우, 임상가들은 특히 이들의 물질오용에 주의를 기울여야 한다. 만일 오용 사실이 밝혀진다면, 임상가는 지속적인 불안 증상과의 관계 여부를 결정해야 한다. 이러한 인과관계를 알아볼 수 있는 결정적인 검사는 없지만, 몇 가지 요인들은 이 진단의 확정에 도움이 될 수 있다. 이러한 요인으로는 증상 발생시기, 불안과 잠재적 합병증 요인들 사이의 연관성의 강도에 관한 현존하는 문헌, 그리고 불안장애의 비전형적인 징후나 증상이 있다.

불안 증상은 물질 중독 또는 금단 기간 동안 발병할 수 있다. 그리고 이러한 증상의 발병은 명시자를 사용해서 나타낼 수 있다. 불안은 다수의 불법물질(예, 암페타민, 코카인), 알코올, 그리고 카페인과 연관이 있다. 또한 불안이 처방약물 사용과 연관이 있는 경우에 진단이 내려질 수 있다(예, 항콜린제anticholinergics, 항우울제, 리튬lithium). 불안 증상이 압도적이고 기대되는 수준을 초과하고, 독립적 임상적 주의가 필요한 경우에는 물질 중독 또는 금단보다는 물질로 유발된 불안장애 진단이 적절하다.

물질/약물치료로 유발된 불안장애 진단기준

A. 임상 장면에서 공황발작이나 불안이 두드러진다.

B. 병력, 신체검진 또는 검사 소견에 (1)과 (2) 둘 다의 증거가 있다.

1. 진단기준 A의 증상이 물질중독이나 물질금단 동안 혹은 직후에, 혹은 치료약물 노출 후에 발생함
2. 수반된 물질/치료약물이 진단기준 A의 증상을 일으킬 만한 능력이 있음

C. 장해가 물질/약물치료로 유발된 것이 아닌 불안장애로 더 잘 설명되지 않는다. 독립적인 불안장애라는 증거로 다음이 포함될 수 있다.

증상이 물질/치료약물 사용 시작보다 선행한다. 증상이 급성 금단 혹은 심한 중독의 중단 이후에도 상당한 기간(예, 약 1개월) 계속된다. 혹은 물질/약물치료로 유발된 것이 아닌 독립적인 불안장애의 다른 증거(예, 재발성 비물질/치료약물 관련 삽화의 병력)가 있다.

D. 장해가 섬망의 경과 중에만 발생되지는 않는다.

E. 장해가 사회적, 직업적, 또는 다른 중요한 기능 영역에서 임상적으로 현저한 고통이나 손상을 초래한다.

주의점: 이 진단은 진단기준 A의 증상이 임상 양상에서 두드러지고, 임상적 주목을 보증할 정도로 충분히 심할 때에만 물질중독이나 물질금단의 진단 대신에 내려져야 한다.

부호화 시 주의점: [특정 물질/약물치료로] 유발된 불안장애에 대한 ICD-9-CM과 ICD-10-CM 부호는 다음 표에 제시되어 있다. ICD-10-CM 부호는 동일 종류의 물질에 대한 물질사용장애의 동반이환 여부에 따라 달라진다는 점에 주의한다. 만약 경도의 물질사용장애가 물질로 유발된 불안장애와 동반이환된다면, 4번째 자리의 글자는 "1"이고, 임상가는 물질로 유

발된 불안장애 앞에 "경도 [물질]사용장애"를 기록해야 한다(예, 경도 코카인사용장애, 코카인으로 유발된 불안장애 동반). 만약 중등도 또는 고도 물질사용장애가 물질로 유발된 불안 장애와 동반이환된다면, 4번째 자리의 글자는 "2"이고, 임상가는 동반이환하는 물질사용장애의 심각도에 따라 "중등도 [물질]사용장애 또는 고도 [물질]사용장애"를 기록해야 한다. 만약 동반이환하는 물질사용장애가 없다면(예, 1회의 심한 물질 사용 후), 4번째 자리의 글자는 "9"이며, 임상가는 물질로 유발된 불안장애만을 기록해야 한다.

		ICD-10-CM		
	ICD-9-CM	사용장애 경도	사용장애 중등도 또는 고도	사용장애 없음
알코올	291.89	F10.180	F10.280	F10.980
카페인	292.89	F15.180	F15.280	F15.980
대마	292.89	F12.180	F12.280	F12.980
펜시클리딘	292.89	F16.180	F16.280	F16.980
기타 환각제	292.89	F16.180	F16.280	F16.980
흡입제	292.89	F18.180	F18.280	F18.980
아편계	292.89	F11.188	F11.288	F11.988
진정제, 수면제 또는 항불안제	292.89	F13.180	F13.280	F13.980
암페타민(또는 기타 자극제)	292.89	F15.180	F15.280	F15.980
코카인	292.89	F14.180	F14.280	F14.980
기타(또는 미상의) 물질	292.89	F19.180	F19.280	F19.980

다른 의학적 상태로 인한 불안장애

불안 증상은 확인 가능한 의학적 증후군이 있는 맥락에서 발달될 수 있다. 내분비성 상태(예, 갑상선기능항진증, 저혈당증), 심혈관성 상태(예, 부정맥arrhythmia, 울혈성 심부전congestive heart failure), 호흡기 질환(예, 만성 폐쇄성 폐질환, 폐렴), 신경학적 상태(예, 신생물neoplasms, 뇌염), 그리고 대사 상태(예, 비타민 B12 결핍) 모두는 불안 동반과 연관이 있을 수 있다. 만일 다른 의학적 상태가 나타나서 불안 증상의 직접적인 생리학적 원인이 밝혀진다면, 다른 의학적 상태로 인한 불안장애로 진단되어야 한다. 진단명을 기록하는 경우, 임상가는 정신장애의 명칭 내에 다른 의학적 상태의 명칭을 포함시켜야 한다(예, 293.84 [F06.4] 크롬친화세포종으로 인한 불안장애). 다른 의학적 상태는 부호화되어야 하고, 의학적 상태로 인한 불안장애 바로 앞에 따로 기재되어야 한다(예, 227.0 [D35.00] 크롬친화세포종; 293.84 [F06.4] 크롬친화세포종으로 인한 불안장애).

다른 의학적 상태로 인한 불안장애 진단기준 293.84 (F06.4)

A. 공황발작이나 불안이 임상 영역에서 두드러진다.
B. 병력, 신체검진, 또는 검사 소견상 장애가 다른 의학적 상태로 인한 직접적인 병태생리학적 결과라는 증거가 있다.
C. 장해가 다른 정신질환으로 더 잘 설명되지 않는다.
D. 장해가 섬망의 경과 중에만 발생되지는 않는다.
E. 장해가 사회적, 직업적, 또는 다른 중요한 기능 영역에서 임상적으로 현저한 고통이나 손상을 초래한다.

부호화 시 주의점: 정신질환의 이름에 기타 의학적 상태의 이름을 포함한다(예, 293.84 [F06.4] 갈색세포종으 로 인한 불안장애). 기타 의학적 상태는 부호화하여 의학적 상태로 인한 불안장애 진단 앞에 따로 명시한다(예, 227.0 [D35.00] 갈색세포종, 293.84 [F06.4] 갈색세포종으로 인한 불안장애).

달리 명시된 불안장애 · 명시되지 않는 불안장애

불안은 가장 흔한 정신의학적 증상들 중의 하나이므로, 불안으로 인해 손상이 있지만 증상이 특정한 불안장애들 중의 하나의 진단범주에 부합되지 않는 사람들을 만나는 것은 그리 드문 일은 아니다. 이러한 사람들은 달리 명시된 불안장애 또는 명시되지 않는 불안장애로 적절하게 분류된다.

이 범주는 DSM-IV의 달리 명시되지 않는 불안장애가 대체된 것이다. 불안장애의 특징인 증상이 나타나서 고통 또는 손상의 원인이 되지만, 이 부류에서 보다 구체적인 장애의 진단범주에 완전히 부합되지 않는 경우에는 달리 명시된 불안장애other specified anxiety disorder로 진단한다. 이 범주는 임상가가 증거가 진단범주에 완전히 부합되지 않는 이유를 소통하기로 선택하는 경우에 사용된다. 임상가는 특정한 이유를 기록할 것이 권장된다(예, 제한된 증상 발작).

개인의 증상이 고통 또는 손상의 원인이 되는 보다 구체적인 장애의 진단범주에 완전히 부합되지 않는 경우, 그리고 임상가가 진단범주에 부합되지 않는 이유를 명시하지 않기로 하거나 보다 구체적인 진단을 내리기에는 정보가 불충분한 경우, 명시되지 않는 불안장애 범주가 사용된다.

달리 명시된 불안장애 300.09 (F41.8)

이 범주는 사회적, 직업적, 또는 다른 중요한 기능 영역에서 임상적으로 현저한 고통이나 손상을 일으키는 불안장애의 특징적인 증상들이 두드러지지만, 불안장애의 진단 부류에 속한 장애 중 어느 것에도 완전한 기준을 만족하지 않는 발현 징후들에 적용된다. 달리 명시된 불안장애 범주는 발현 징후가 어떤 특정 불안장애의 기준에 맞지 않은 특정한 이유에 대해 교감하기 위해 임상가가 선택한 상황들에서 사용된다. 이는 "달리 명시된 불안장애"를 기록하고, 이어서 특정한 이유(예, "범불안장애, 그렇지 않은 날보다 그런 날이 더 많지는 않은")를 기록한다.

"달리 명시된"이라는 지정 문구를 사용해 분류될 수 있는 발현 징후들의 예는 다음과 같다.

1. 제한적 공황발작
2. 범불안장애, 그렇지 않은 날보다 그런 날이 더 많지는 않은
3. 키알캡Khyâl cap(바람에의 노출): [DSM-5] 부록의 "고통의 문화적 개념 용어 해설" 참조
4. 아타케 데 네르비오스Ataque de nervios: [DSM-5] 부록의 "고통의 문화적 개념 용어 해설" 참조

명시되지 않는 불안장애 300.00 (F41.9)

이 범주는 사회적, 직업적, 또는 다른 중요한 기능 영역에서 임상적으로 현저한 고통이나 손상을 일으키는 불안장애의 특징적인 증상들이 두드러지지만, 불안장애의 진단 부류에 속한 장애 중 어느 것에도 완전한 기준을 만족하지 않는 발현 징후들에 적용된다. 명시되지 않는 불안

장애 범주는 기준이 특정 불안장애의 기준에 맞지 않은 이유를 명시할 수 없다고 임상가가 선택한 상황들에서 사용되며, 좀 더 특정한 진단을 내리기에는 정보가 불충분한(예, 응급실 상황) 발현 징후들을 포함한다.

KEY POINTS

- 불안장애 부류에는 더 이상 강박장애, 외상후 스트레스장애, 또는 급성 스트레스장애가 포함되지 않는다. 분리불안장애와 선택적 함구증이 이 부류에 추가되었다. 분리불안장애의 경우, 성인기에 있어서의 분리불안 증상 표출을 보다 적절하게 나타낼 수 있도록 하기 위한 어휘의 변경이 이루어졌다.
- 특정공포증과 사회불안장애에 있어서 진단범주의 변화로는 성인들이 자신의 불안을 과도하거나 비합리적인 것으로 인식해야 한다는 필수요건 삭제가 포함된다. 대신, 사회문화적 요인들을 고려하더라도 불안이 실제 위험이나 위협과 걸맞지 않을 정도로 과도한 정도여야 한다. 18세 미만의 사람들에게 국한되었던 전형적으로 최소 6개월 이상 지속되어야 한다는 기준은 모든 연령의 사람들에게 확대·적용된다.
- 특정공포증 진단범주는 어구가 바뀌어서, 공포 자극과 조우할 기회는 더 이상 개인이 진단을 받게 되는 여부를 결정하는 요인이 아니다. 특정공포증의 다른 자극 유형(현재는 명시자)은 대부분 변화되지 않았다.
- 사회불안장애에 있어서, "전반적인generalized" 명시자는 삭제되었고 "수행형 단독"으로 대체되었다.
- 공황장애와 광장공포증은 연결이 해제되었다. "공황발작 동반" 명시자는 다른 불안장애, 다른 정신장애 그리고 일부 의학적 상태에 사용될 수 있다.

참고문헌

Goodwin D, Guze S: Psychiatric diagnosis, 4th Edition. New York, Oxford University Press, 1989

Spitzer RL, Endicott J, Robins E: Research diagnostic criteria(RDC). New York, Biometrics Research, New York State Psychiatric Institute, 1975

Wittchen HU, Gloster AT, Beesdo-Baum K, et al: Agoraphobia: a review of the diagnostic classificatory position and criteria. Depress Anxiety 27:113-133, 2010

03

불안장애

DSM-5® 임상사례집

서문

John W. Barnhill, M.D.

DSM-5의 불안장애 장에는 불안, 공포, 또는 회피가 현저하게 나타나는 일련의 장애가 수록되어 있다. 가장 흔히 내려지는 정신의학적 진단들 중에서 불안장애 역시 명확히 진단하기 어려운 장애로 꼽힌다. 진단을 복잡하게 만드는 한 가지 요인은 불안, 공포, 또는 회피가 정상적 · 적응적 반응이라는 점이다. 따라서 경도 증상을 보이는 사람들에 대한 평가가 모호해질 수 있다.

또 다른 요인은 불안 관련 정서를 신체 증상들처럼 아주 두드러지게 경험하게 된다는 점이다. 공포(실제적 또는 지각된 즉각적인 위협에 대한 정상적 반응)는 거의 언제나 자율신경계의 과잉각성hyperarousal과 연관이 있다. 특히 만성적인 경우, 과잉각성은 환자들이 확인 또는 기술하기 어려울 수 있다. 이와 유사하게, 불안—명백한 위협이 없는 상태에서 겪는 두려운 정서 경험—은 근육긴장과 경계심으로 경험될 수 있다. 이는 만성적으로 고양된 불안 수준에 있는 사람에게는 인식하지 못하는 사이에 배경 소음과 뒤섞일 수 있다.

세 번째 복잡한 요인은 불안장애가 흔히 다른 장애와 동반 발병하고, 기분장애와 성격장애와도 동반이환된다는 것이다. 이는 각 진단의 징후에 대해 적절하게 주의를 기울이기 어렵게 만들 수 있다.

끝으로, 불안장애의 정의는 알려지지 않은 병태생리학pathophysiologies 현상을 기술해 놓은 것에 불과하다. 정신의학 분야는 비약적인 발전이 있었음에도 불구하고 여전히 근원적인 병의 원인을 기반으로 명확하게 확인할 수 있는 질병분류학적nosological 범주에 근접하지 못하고 있다.

진단에 있어서 한 가지 중요한 변화가 있다면 공황panic에 관한 것으로, DSM-5에서는 2가지 방식으로 기술되고 있다는 것이다. 즉, 공황발작panic attacks은 이제 정신의학적 진단의 폭넓은 스펙트럼의 일부로 발생하고, 심각도, 경과, 병적 상태

morbidity에 있어서 유의성이 있는 것으로 이해되고 있다는 것이다. 또한 현재 모든 DSM-5의 불안장애뿐 아니라, 몇몇 다른 DSM-5 장애에 대해서도 명시자로 식별이 가능해졌다는 점이다. 공황발작은 단순히 '예상되는' 또는 '예상되지 않은' 아형으로 구분될 수 있다. 지속적인 공황발작이 더욱 심화된 상태의 계속적인 공황발작으로 이어질 것에 대한 현저한 공포를 유발한다면, 공황장애panic disorder로 진단되어야 한다.

역사적으로, 공황장애와 연결되어 있는 광장공포증agoraphobia은 DSM-5에서는 다양한 스트레스 요인과 정신의학적 증상의 맥락에서 발병될 수 있는 독자적인 진단명으로 소개되어 있다. 특정공포증specific phobia과 사회불안장애와 마찬가지로, 광장공포증 진단에서는 18세 이상의 개인이 불안을 불합리한 것으로 인식해야 한다는 요건이 삭제되었다. 대신, 불안이 실제 위험이나 위협에 어울리는 것인지의 여부에 대해 임상가가 판단하도록 수정되었다. 또한 일시적인 공포에 대한 과잉진단의 가능성을 줄이기 위해 이러한 장애들의 진단기준은 18세 미만인 사람들에게 한정하지 않고, 전체 연령층에 대해 적어도 6개월 동안 지속되어야 한다는 것으로 수정되었다.

DSM-5 내에서의 중요한 구조 변화는 분리불안장애separation anxiety disorder가 불안장애 장으로 옮겨진 것이다. 분리불안장애에는 여전히 18세 이전의 발병이 필수요건으로 남아 있다. 그러나 희망사항은 일반 성인 인구의 6% 이상의 유병률을 감안할 때, 이 장애가 아동과 청소년 장애로 분류되어 있던 과거에 비해 성인들 사이에서 보다 더 자주 언급되었으면 하는 점이다.

DSM-5의 불안 관련 장애에 있어서 또 다른 중요한 구조상의 변화는 강박장애obsessive- compulsive disorder와 외상후 스트레스장애posttraumatic stress disorder가 독자적인 장으로 옮겨진 점이다. 이 새로운 장에는 불안 증상이 현저한 역할을 할 뿐 아니라 다른 양상(예, 강박사고/강박행동 또는 심한 외상 과거력)을 지니고 있는 장애군들이 포함되어 있다.

다양한 불안 관련 장애는 흔히 명확하게 구별될 수 있다. 그런가 하면 이 장애들은 또한 구별하기 어렵고, 흔히 서로 동반이환되며, 다른 정신의학적 진단과 동반이환되기도 한다. '불안'이라는 주요 호소 내용으로 진단이 내려지는 것은 아니다. 다만, DSM-5 전체에 해당될 수 있는 임상적 사고과정의 시작일 뿐이다.

읽을거리

Horowitz Av, Wakefield JC: All We Have to Fear: Psychiatry's Transformation of Natural Anxieties Into Mental Disorders. New York, Oxford University Press, 2012

Milrod B: The Gordian knot of clinical research in anxiety disorders: some answers, more questions. Am J Psychiatry 170(7):703–706, 2013

Stein DJ, Hollander E, Rothbaum BO (eds): Textbook of Anxiety Disorders, 2nd Edition. Washington, DC, American Psychiatric Publishing, 2010

사례 1: 두려움과 걱정

Fears and Worries

Loes Jongerden, M.A.
Susan Bögels, Ph.D.

로건Logan(12세, 남)은 오랫동안 부모를 잃을지 모른다는 불안과 비교적 최근에 생긴 심한 병에 대한 두려움으로 정신건강센터에 의뢰되었다.

로건의 부모는 오래 지속되어 온 그의 불안 병력에 대해 언급했지만, 갑작스럽게 발생한 로건의 문제는 진료 신청 5주 전 희귀불치병에 관한 TV쇼를 시청하면서 시작되었다. 그 후 그는 감춰진 병에 걸렸을 수 있음을 두려워했다. 부모에 따르면, 로건은 지난달 불안, 현기증, 오한, 숨 가쁨 증상이 특징적으로 나타나는 '공황발작'이 세 차례나 있었다. 거의 동시에, 로건은 잦은 두통과 복통을 호소하기 시작했다. 로건의 해명에 따르면, 그의 신체적 통증은 질병에 대한 두려움과 부모가 멀리 떠날 것에 대한 두려움으로 인한 것으로, 통증 때문에 몹시 고통스러워 했다. 그는 공황발작이 더 일어날 것에 대해서는 두렵지 않지만, 아픈 상태로 홀로 남겨질 것은 생각만 해도 온몸이 오싹하다고 했다. 이러한 질병공포illness phobias는 로건이 침대에 누워 있을 때, 몸에 무언가 있는 느낌이 들 때, 질병에 관한 말을 들었을 때 등, 일주일에 여러 차례 발생했다.

로건이 불안으로 고통받기 시작한 것은 그의 어린 시절로 거슬러 올라간다. 유치원 시절에는 분리불안 증상이 강하게 나타났다. 초등학교 3학년 때는 잠시 집단 괴롭힘으로 인해 처음으로 공황발작과 불안 악화로 이어졌다. 부모는 그가 "언제나 새로운 불안 대상이 있었던 것 같았다"고 했다. 불안 대상으로는 화장실, 어두움, 혼자 잠자기, 혼자 있기, 괴롭힘 당하는 것 등이었다.

가장 지속적으로 로건을 괴롭혔던 두려움은 부모의 안전에 관한 것이었다. 부모가 직장이나 가정에 있을 때에는 대체로 아무 문제가 없었다. 그러나 부모가 이동 중이거나 외출하는 경우, 부모가 사고로 죽게 될까 봐 두려워하곤 했다. 부모가 직장에서 늦게 퇴근하거나 둘만 외출하거나 볼일을 보러 나가는 경우, 로건은 거의 제정신이 아닌 상태로 끊임없이 전화를 걸어 대고 문자메시지를 보내곤 했다. 로건은 아버지보다도 어머니의 안전에 대해 크게 염려했다. 이로 인해 로건의 어머니는 점차 자신이 홀로 하는 활동을 최소로 줄일 수밖에 없었다. 어머니는 마치 '로건이 화장실까지 따라 들어올 것 같은' 느낌이 들 정도라고 했다. 로건은 아버지에게는 덜 매달렸다. 아버지는 "우리가 아이를 안심시키거나 집에서 함께 있더라도, 로건은 절대로 독립적으로 행동하지는 않을 거예요."라고 말했다. 그는 아내가 아들에게 너무 부드럽게 대하면서 과잉보호한다고 생각했다.

로건이 10세 되던 해, 로건은 가족들과 함께 수개월간 심리치료를 받은 적이 있었다. 아버지는 치료를 통해 아내가 전보다 과잉보호를 덜하게 되었고, 로건의 불안도 호전된 것 같았다고 했다. 그녀는 남편의 진술에 동의했다. 다만 그녀는 외출할 때나 로건이 병에 걸릴까 봐 두려울 때마다 엄마로서 어떻게 해 주어야 할지 잘 모르겠다고 했다.

이 문제 말고는 로건의 발달과정에 특이사항은 없었고, 학교 성적은 대체로 양호했다. 교사들에 의하면, 로건은 조용하면서도 친구들이 여럿 있었고 다른 아이들과 잘 협조하면서 어울렸다. 그러나 때로 다른 아이들의 의도를 민감하게 받아들여 부정적으로 해석하곤 했다. 예를 들어, 자신이 놀림 받는 것 같은 행동에 민감하게 반응하는 경향이 있었다. 로건의 가족력은 외가 쪽으로 공황장애, 광장공포증, 사회불안장애(사회공포증)와 연관이 있었다. 즉, 외할머니는 '적어도' 로건의 어머니 정도의 불안이 있었지만, 친가 쪽으로는 정신과 질환 병력은 없었다.

검사 당시 로건은 우호적 · 협조적 · 목표 지향적이었고, 생각이나 느낌을 분명히 표현하는 아이였다. 그는 대체로 '양호한 기분 상태'였으나, 죽음과 병에 대한 두려움에 관해 이야기하면서는 울먹였다. 그는 자살 경향성과 무망감^hopelessness^은 없고, 고등학교에 진학하기 전까지 자신의 문제를 극복하기 위해 애쓰고 있다고 했다. 그의 인지 상태는 양호했고, 병식과 판단력은 불안문제와 관련된 것 외에는 아무런 문제가 없는 것 같았다.

진단

- 공황발작 동반 분리불안장애

논의

로건은 어린 시절부터 분리에 대한 두려움을 가지고 있다. DSM-5에 의거하여 분리불안장애로 진단되려면, 8가지 증상 가운데 3가지가 충족되어야 한다. 로건은 5가지 증상, 즉 ① 예측되는 분리, ② 부모의 상해, ③ 분리로 이어질 수 있는 사건, ④ 혼자 남겨질 것에 대한 장기간의 과도한 불안을 야기하는 두려움, 그리고 ⑤ 죽음과 분리에 대한 두려움으로 인한 신체 증상을 호소하고 있다.

로건에게는 공황발작도 있다. 그러나 발작 발생에 대한 두려움을 가지고 있다는 점에서 공황장애 기준에는 부합되지 않는다. 로건에게 발생하는 공황은 분리 또는 병에 걸리는 것에 대한 두려움과 관련이 있는 것 같다. 그러므로 공황발작은 분리불안장애의 명시자로 기재하면 된다.

로건은 병에 걸릴까 봐 불안해하고 있지만, 그의 증상들이 질병불안장애illness anxiety disorder 기준에 부합되지는 않는 것 같다. 왜냐하면 질병에 대한 두려움의 지속 기간이 6개월이 아니고, 의사를 찾지 않고 있으며, 자신의 건강보다는 애착 대상으로부터 떨어져 홀로 남겨지는 것에 대해 안심시키는 말을 듣고 싶어 하기 때문이다. 로건의 증상들은 범불안장애generalized anxiety disorder 기준에도 부합되지 않는다. 그의 두드러진 관심은 부모로부터의 분리에 집중되어 있기 때문이다. 단, 과거에는 사회불안장애(사회공포증)social anxiety disorder(social phobia) 기준에 부합되었을 수 있다(괴롭힘 당하는 것에 대한 두려움). 그러나 이 시점에서 사회적 두려움은 지배적인 임상상clinical picture인 것 같지는 않다.

불안장애는 로건의 어머니와 외할머니에게도 있었는데, 이는 유전적 소인이 있음을 암시하고 있다. 다세대에 걸쳐 나타나는 불안 증상은 학습, 모델링, 과잉보호적인 양육 방식을 통해 전달될 수 있다. 이 사례에서 로건의 어머니는 공황장애, 광장공포증, 사회불안장애가 있는 것으로 기록되어 있다. 로건의 부모는 이구동성으로 어머니의 불안이 양육 방식에 영향을 주어 왔다고 했다. 특히, 로건은 두려움으로 보상을 받고 있는 것으로 보인다. 즉, 로건이 불안해함으로써 부모가 가정에 머물면서, 로건의 곁에 함께 있어 주며, 그의 전화와 문자메시지에 즉각적으로 답해 주고 있기 때문이다. 로건의 부모는 아들의 두려움에 대해 자주 대화를 하고 있는 것처럼 보이지만, 정작 보상 전략에 대한 논의시간은 충분히 갖고 있지 않을 수 있다. 아버지는 로건의 자율성을 북돋아 주고자 노력하는 것 같지만, 전반적인 전략에 대해서는 어머니와 의견의 일치를 보지 못하고 있다. 이처럼 비지지적인 공동양육은 오히려 로건의 문제가 지속되는 원인을 제공할 수 있다.

DSM-5에서 한 가지 잠재적으로 중요한 변화는 분리불안장애를 불안장애 장으로 재배치한 것이다. 분리불안장애는 DSM-III와 DSM-IV에서는 유아기, 아동기

그리고 청소년기에 시작되는 장애에 배치되었다. 그러나 분리불안장애는 성인기까지 이어질 수 있고, 로건의 어머니 자신이 (기타 불안장애뿐 아니라) 성인 분리불안장애를 겪고 있을 수 있다. 그녀의 분리에 대한 두려움이 아들을 양육하는 방식에 영향을 미치고 있기 때문에 로건의 지속적인 불안에 원인 제공을 하게 되는 것은 어쩌면 당연한 일일 것이다.

읽을거리

Bögels S, Phares V: Fathers' role in the etiology, prevention and treatment of child anxiety: a review and new model. Clin Psychol Rev 28(4):539–558, 2008

Kessler RC, Berglund P, Demler O, et al: Lifetime prevalence and age-of-onset distributions of DSM-IV disorders in the National Comorbidity Survey Replication. Arch Gen Psychiatry 62(6): 593–602, 2005

Majdandžić M, de Vente W, Feinberg ME, et al: Bidirectional associations between coparenting relations and family member anxiety: a review and conceptual model. Clin Child Fam Psychol Rev 15(1):28–42, 2012

McLeod BD, Wood JJ, Weisz JR: Examining the association between parenting and childhood anxiety: a meta-analysis. Clin Psychol Rev 27(2): 155–172, 2007

van der Bruggen CO, Stams GJM, Bögels SM: Research review: the relation between child and parent anxiety and parental control: a meta-analytic review. J Child Psychol Psychiatry 49(12): 1257–1269, 2008

사례 2: 공황
Panic

Carlo Faravelli, M.D.

마리아 그레코Maria Greco(23세, 여, 미혼)는 심장병 전문의cardiologist에 의해 정신의학적 평가에 의뢰되었다. 2개월 전, 그녀는 심계항진, 숨 가쁨, 오한, 떨림, 곧 죽을 것 같은 두려움 등의 급성 증상으로 네 차례나 응급실을 찾았다. 이때마다 발병은 급속도로 이루어졌다. 증상이 몇 분 지나지 않아서 극도에 달했고, 그녀는 두려움으로 탈진 상태가 되어, 심장이 마비되었다고 확신하곤 했다. 이 삽화가 발생할 때마다 일반적인 신체검진, 생명 징후vital signs 검사(***역자 주**. 사람이 살아 있음을 보여 주는 맥박, 호흡, 체온, 혈압, 심장 박동 등의 측정치 등), 검사실 검사, 독소검사, 심전도 검사electrocardiograms 등의 의학적 평가를 받았으나, 결과는 언제나 정상이었다.

환자에 의하면, 지난 3개월 동안 이러한 발작이 공황 증상과 함께 직장, 가정, 운전 중에도 발생하는 등 총 다섯 차례가 있었다. 그녀는 다른 발작이 일어날 것에 대해 지속적으로 두려워하게 되면서, 이미 여러 날 병가를 냈고, 운동, 운전, 커피를 피했다. 수면의 질 역시 기분과 마찬가지로 크게 떨어졌고, 사회적 관계도 기피하였다. 게다가 의학적 정밀검사가 증상이 모두 해소된 이후에 실시되었기 때문에 음성으로 나타났다고 여기면서, 친구들과 의사의 안심시키는 말을 귀담아들으려 하지 않았다. 그녀는 자신의 심장이 무언가 잘못되었고, 정확한 진단이 없으면 자신은 곧 죽게 될 것이라고 확신했다. 그녀는 한밤중에 잠들어 있는 동안에도 공황발작이 나타나자, 결국 정신과 전문의를 만나 보라는 제의를 받아들였다.

그레코 양은 정신과 장애 병력에 대해 부인했으나, 어린 시절 불안 병력, 즉 '학교공포증school phobia'으로 진단받은 적이 있다고 했다. 환자의 어머니는 4년 전 재발성 주요우울증에 시달리다가 약물 과다복용으로 스스로 목숨을 끊었다. 평가 당시 환자는 아버지, 두 동생과 함께 살고 있었다. 환자는 고등학교를 졸업했고, 전화교환수로 근무하고 있으며, 교제하고 있는 이성 친구는 없었다. 이외에 그녀의 가족과 사회활동은 증상에 원인 제공을 할 만한 사항은 없었다.

검사 당시, 환자는 불안한 모습이 역력했지만 협조적이었고 조리 있게 말했다. 그녀는 자신에게 우울증은 없다고 했지만, 걱정이 많아 보였고, 자신에게 심장병이 있다고 굳게 믿고 있었다. 그녀는 정신병적 증상, 혼돈, 제반 자살 경향성은 없다고 했다. 그녀의 인지 상태는 아무 문제가 없었고, 병식에는 한계가 있었으며, 판단력은 양호했다.

진단

- 공황장애

논의

그레코 양은 공황발작이 있다. 이는 공포 및/또는 불편감에 갑작스럽게 휩싸이게 되면서 몇 분 이내에 최고조에 달하고, 신체적 및/또는 인지적 증상들을 동반하는 특징이 있다. DSM-5에서 공황발작은 특별한 종류의 공포 반응으로 간주되며, 불안장애에서만 나타나지 않는다. 엄밀한 의미에서 공황은 DSM-5에서 2가지 방식으로 개념화된다. 첫째, 어떤 DSM-5 진단에서든 동반될 수 있는 '공황발작' 명시자로서다. 둘째, 보다 엄격한 공황발작 기준에 부합되지 않는 경우, 공황장애panic disorder로 진단되는 것이다.

그레코 양은 공황장애 진단에 필요한 다수의 기준에 부합되는 것으로 보인다. 첫째, 그녀의 공황발작은 재발성이고, 그녀는 13가지 공황 증상(심계항진, 발한, 진전trembling, 숨 막힘, 흉부 통증, 죽음에 대한 지속적인 두려움) 가운데 4가지 필수 기준 이상으로 충족된다. 또한 공황장애의 진단기준에는 공황발작이 삽화들 사이에 한 사람에게 영향을 미쳐야 한다는 필수요건이 있다. 그레코 양은 심장마비에 걸릴까 봐 지속적으로 걱정하고 있을 뿐 아니라 다른 공황발작을 유발시킬 수 있는 상황과 활동을 회피하고 있다(의학적 정밀검사와 안심시키는 말에도 불구하고). 그리고 이러한 증상들은 적어도 1개월 동안 지속되어야 한다(그레코 양은 2개월 동안 증상들을 보여 왔다).

공황장애 진단은 공황의 여러 다른 원인에 대한 평가가 필수로 요구된다. 여기에는 약물치료, 의학적 질병, 약물남용, 기타 정신장애가 포함된다. 과거력에 의하면, 이 23세 여성은 치료약물을 복용하지 않고 있고, 의학적 질병이 없으며, 남용하고 있는 물질이 없다고 한다. 그녀에 대한 신체검진, 심전도 검사, 일반 검사실 검사 결과, 독소검사 결과는 정상 또는 음성으로 판명되었다. 그레코 양에게 약초와 보완적인 약물치료에 관해 상세히 탐색해 볼 필요가 있다. 그러나 그녀의 증상은 근원적으로 정신병적인 것으로 보인다.

많은 정신병적 장애가 공황과 연결되어 있다. 그레코 양은 다른 상태에 의해 공황발작을 일으킬 가능성이 있다. 그녀는 아동기에 불안과 '사회공포증' 병력이 있었다고 한다. 그렇지만 이 증상은 이미 관해된 것으로 보인다. 4년 전, 그레코 양의 어머니는 재발성 주요우울증을 앓다가 자살했다. 이에 관한 상세한 내용은 알려지지 않았다. 이러한 외상적 사건은 의심할 여지없이 그레코 양에게 어떤 식으로든 영향을 미쳤을 것이다. 실제로 2가지의 외상적 사건, 즉 어머니의 갑작스러운 자살사건과 만성 또는 재발성 우울증을 겪었던 어머니로부터 장기적으로 영향을 받았을 것이다. 향후 공황발작으로 이어지는 심리사회적 사건에 대해 초점을 맞춘 면밀한 탐색이 이루어져야 할 것이다.

예를 들어, 그레코 양의 '학교공포증'은 진단되지 않은 분리불안장애의 징후였을 수 있다. 그리고 최근에 나타난 공황 증상은 데이트, 성적 탐색 및/또는 아버지와 동생들로부터 벗어나려는 상황에서 발생했을 수 있다. 그녀의 공황 패턴은 사회적 불안이나 특정공포증에 대한 반응은 아니다. 그렇지만 자신의 증상이 정신과적이라는 사실을 부인하고 있다는 점에서 그녀는 자신의 공황 증상과 다른 일련의 증상이 서로 연결되어 있다는 사실을 인식하고 있지 못할 수 있다. 따라서 그레코 양의 불안 민감성(불안을 해로운 것으로 보는 경향성)과 '부정적 정동성negative affectivity'(부정적 감정을 경험하는 성향)을 평가해 보는 것이 유용할 것이다. 이 2가지 성격 특질은 공황의 발달과 연관이 있을 것이다.

환자들은 흔히 스스로 특정 증상군을 인식하지 못하는 경향이 있다는 점을 감안한다면, 좀 더 구체적으로 외상후 스트레스장애와 강박장애의 가능성을 탐색하는 것이 유용할 것이다. 추가로, 증상결과를 탐색해 보는 것이 도움이 될 것이다. 예를 들어, 환자의 공황 증상은 심장병에 대한 염려로 이어진 것 같다. 만일 질병에 대한 염려가 공황 증상보다 앞서 발생했다면, 질병불안장애나 신체증상장애도 가지고 있을 수 있다.

우울장애와 양극성장애는 흔히 공황 증상과 동반이환된다. 그레코 양은 불면증과 죽음에 대한 집착 등의 우울증 증상이 있지만, 우울증 진단기준에는 부합되지 않는 것 같다. 그렇지만 그레코 양의 증상들에 대한 종단적 관찰이 필요할 것이다. 어머니의 우울증 병력은 그레코 양의 우울증 발병 위험성을 높일 가능성이 있다. 그럼에도 그레코 양은 자신의 정서 상태에 대한 병식이 없을 수 있다. 그러므로 양극성장애 증상에 대해 구체적으로 탐색해 보는 것이 도움이 될 것이다. 환자들은 흔히 자신의 조증과 경조증 증상을 의식하지 못하거나, 문제로 인식하지 않는 경향이 있다. 또한 잘못된 진단은 부적절한 치료로 이어질 수 있고, 양극성 증상들을 악화시킬 수 있다. 더욱이 공황 증상의 발달은 자살 위험의 가능성을 높이게 된다.

물론 보다 면밀한 탐색이 요구되지만, 그레코 양은 공황장애가 있는 것 같다. DSM-5에서는 공황의 예측 여부에 대한 검사를 권장하고 있다. 그레코 양의 초기 공황발작은 운전 도중, 직장 등 스트레스 상황에서 발생한 것 같다. 따라서 공황발작은 예측 가능했거나 그렇지 않았을 수도 있었다. 그러나 가장 최근 삽화는 수면 중에 발생했기 때문에 그녀의 공황발작은 예기치 못한 것으로 분류될 것이다.

DSM-5에서 광장공포증은 공황장애와 분리되어 있다. 이 2가지 장애는 동반이환될 수 있지만, 광장공포증은 이젠 다양한 상황에서 발생하는 것으로 인식되고 있다. 이 사례에서 그레코 양이 운전, 운동, 카페인 섭취를 적극 회피하는 것은 광장공포증의 증상이라기보다는 공황장애가 행동화된 것으로 개념화하는 것이 더 정확할 것이다. 정확한 진단과 치료는 그레코 양의 증상 악화와 만성화 방지에 중요하다.

읽을거리

Faravelli C, Gorini Amedei S, Scarpato MA, et al: Bipolar disorder: an impossible diagnosis. Clin Pract Epidemiol Ment Health 5:13, 2009

Goodwin RD, Lieb R, Hoefler M, et al: panic attack as a risk factor for severe psychopathology. Am J Psychiatry 161(12): 2207-2214, 2004

MacKinnon DF, Zandi PP, Cooper J, et al:Comorbid bipolar disorder and panic disorder in families with a high prevalence of bipolar disorder. Am J Psychiatry 159(1): 30-35, 2002

사례 3: 청소년 수줍음

Adolescent Shyness

Barbara L. Milrod, M.D.

나딘Nadine(15세, 여)은 오래된 수줍음에 대한 정신의학적 평가를 받기 위해 어머니에 의해 정신과 전문의를 찾았다.

처음에는 자신에 대해 말하려 들지 않던 나딘은 계속 긴장된다고 했다. 그녀는 여러 해 동안 불안이 '많이 악화되었고', 자주 현기증과 울음과 같은 삽화들이 동반되었다는 말을 덧붙였다. 그녀는 대체로 가정이나 학교 밖 상황에서 말을 할 수 없었다. 또한 어쩔 수 없이 타인과 상호작용하게 되는 상황에 대한 두려움 때문에 혼자서는 절대 집을 떠나려 하지 않았다. 그녀는 특히 다른 10대들과 어울리는 것을 불안해했고, '너무 긴장되어' 오랫동안 알고 지내던 이웃 어른들에게조차 아무 말도 하지 못했다. 나딘은 망신당할 거라는 두려움 때문에 레스토랑에 걸어 들어가서 '카운터의 낯선 사람'에게 주문하는 것은 불가능하게 느껴진다고 했다. 또한 발작이 일어날까 봐 늘 경계를 늦추지 않았다. 이는 나딘이 혼자 집에 있을 때에 한해서 효과가 있었던 전략이었다. 사람들에게 나딘이 그저 외출을 '하고 싶어 하지 않을 뿐'이라고 둘러대는 부모에게조차 나딘은 자신의 삶을 심하게 손상시킨 불안을 감추기 위해 애썼다. 함정에 빠져 옴짝달싹 못하고 자신이 무능하다는 느낌이 든 나딘은 '온종일' 자살에 대해 깊이 생각하게 되었다고 했다.

나딘은 유치원 시절부터 언제나 '수줍어'했고, 쉬는 시간이면 다른 아이들의 놀림거리가 되곤 했다. 또래들의 놀림은 나딘이 7학년이 될 때까지 노골적인 집단 괴롭힘으로 이어졌다. 2년간의 어려운 시기가 지나자, 나딘의 또래들은 '마치 으르렁거리는 늑대 무리들처럼' 몰려들어 '바보 멍청이' '못난이' '미친 X' 등의 별명을 불러 대곤 했다. 자주 있었던 일은 아니지만, 또래 아이들 중에는 나딘을 빤히 쳐다보면서 차라리 죽어 버리는 것이 나을 거라고 말한 아이도 있었다. 어떤 여자 아이(초등학교 동창이면서 패거리의 우두머리)는 나딘의 눈을 때려서 눈 주위를 멍들게 한 적도 있었다. 그럼에도 나딘은 맞서 싸우지 않았다. 이러한 사실은 사건을 목격한 이웃 어른이 나딘의 어머니에게 귀띔해 주면서 밝혀지게 되었다. 어머니가 나딘에게 자초지종을 물었으나, 나딘은 길에서 '넘어져서' 멍든 것이라면서 맞은 일 자체를 부인했다. 그러면서 나딘은 어머니에게 지나가는 말로 다른 학교로 전학 가고 싶다고 했으나, 당시 이를 대수롭지 않게 여긴 어머니는 아무 생각 없이 전학을 반대하는 쪽으로 조언했다. 이후 나딘의 고통은 계속되었고, 밤에 잘 때마다 혼자 흐느껴 울곤 했다.

급기야 나딘은 희망감으로 한껏 부푼 상태로 특수목적고인 예술고등학교 9학년으로 전학을 갔다. 그 후 집단 괴롭힘은 없어졌지만, 오히려 불안 증상이 악화되었다. 나딘은 전보다 더 심하게 공공장소에 발을 들여놓을 수 없다는 느낌이 들었다. 게다가 15세에 걸맞은 독립성을 발달시킬 수 없다는 생각에 점차 수치심이 들었다. 그러면서 나딘은 주말 내내 집 안에 '갇혀' 지내기 시작했고, 동네 공원에서 혼자 책 읽는 일조차 두려워하게 되었다. 밤이 되면 전에 다니던 학교에서 괴롭힘을 당하던 일과 관련된 악몽을 꾸곤 했다. 그럴수록 자살에 대한 집착은 점점 더 심해졌다.

나딘의 부모는 나딘이 점점 더 수줍어하게 되면서 정신의학적 도움을 찾게 되었다. 이러한 결정은 나딘의 교사가 나딘의 불안증과 사회적 고립으로 인해 나딘이 좋은 대학의 진학에 필요한 학점을 받지 못하고 있고, 특별활동에도 참여하지 않고 있다고 귀띔해 준 직후에 이루어졌다.

나딘은 어머니를 시끄럽고, 흥분을 잘 하며, 공격적이면서도 '조금 무서운' 사람으로 묘사했다. 아버지는 오랜 시간 일을 하는 성공한 세무 변호사였다. 나딘은 아버지가 사회적 상황에서는 수줍어한다고 말했다("아빠는 나랑 더 비슷해요."). 나딘과 아버지는 때로 저녁시간의 목표가 어머니를 화나게 하는 말을 피하는 것이라고 농담을 했다. 나딘은 "결코 어머니와 같이 되고 싶지 않다."는 말을 덧붙였다.

진단

- 사회불안장애(사회공포증), 고도
- 외상후 스트레스장애, 중등도
- 광장공포증, 고도

논의

나딘은 수줍어하는 기질을 가지고 있는 것 같다. 안타깝게도 모래상자 논리sandbox logic에 의하면, 수줍어하는 아동들은 흔히 괴롭힘을 당한다. 이 아이들이 적절한 자기방어 기술을 습득하지 않으면, 괴롭힘은 중·고등학교 시기가 되면서 더 심해질 수 있고, 이는 불안 성향으로 이어질 수 있다. 더욱이 이미 고위험군에 속하는 청소년들은 또래들에 의해 정신적 상처를 받게 될 수 있다. 나딘의 경우에서처럼, 불안과 사회적 고립의 강도는 자살사고와 행동 위험의 증가와 연합될 수 있다.

나딘이 정신과 전문의를 만나게 되기까지 고통은 수년간 지속되었다. 그녀에게는 흔히 동반이환되면서 DSM-5 진단에 속하는 3가지 정신장애가 발병된 것 같다. 첫째, 나딘은 또래들과 함께하는 상황을 비롯해서 다양한 사회적 상황에 대해 뚜렷하고 과도한 불안을 나타내고 있다. 이러한 상황들은 늘 당혹감에 대한 두려움과 사회적 회피의 원인이 되고 있다. 따라서 나딘은 '사회불안장애(사회공포증)' 증상 기준에 부합된다.

아동과 청소년들 사이에서 흔히 발생하는 것처럼, 집단 괴롭힘을 경험한 이후 나딘의 두려움은 일상생활로 전이되었다. 나딘이 처음으로 불안을 야기하는 사회적 상황을 회피한 것은 사회불안장애의 단면에 속한다. 불안은 점차 확대되었고 극심한 상태로 치달았다. 혼자 집을 나서려고 할 때조차 극심한 공포가 엄습했다. 지속적으로 근처 공원조차 혼자 나갈 수 없는 상태가 되었다면, 나딘은 두 번째 DSM-5 진단으로 '광장공포증'이 있다고 할 수 있다. 이렇게 증상이 확대되는 것은 아동과 청소년들 사이에 흔히 발생하므로, 최근 치료에 관한 연구들은 단일 장애보다는 DSM-5에서 정의하고 있는 불안장애군에 대한 개입에 초점을 맞추는 경향이 있다.

나딘에 대한 세 번째 DSM-5 진단으로는 '외상후 스트레스장애posttraumatic stress disorder(PTSD)'가 고려되어야 한다. 나딘은 오랫동안 지속적으로 집단 괴롭힘을 경험했다. 이 경험은 외상적 사건으로, 나딘이 집단 괴롭힘을 당한 아동기는 사회적으로 고립되고 상처받기 쉬운 발달시기다. DSM-5의 PTSD 진단기준에 부합되려면, 나딘은 적어도 1개월 동안 4가지 서로 다른 영역, 즉 ① 악몽(밤마다 꾼다고 보고함), ② 회피(또래들로부터), ③ 인지와 기분의 부정적 변화(자신에 대한 부정적 관점), ④ 각성 및 반응성(항상 경계심을 늦추지 않음)에서 임상적으로 현저한 증상들을 나타내야 한다.

이러한 증상들은 나딘의 사회공포증과 관련이 있을 수 있다. 그러므로 과도하게 PTSD로 진단하는 것을 피하려면, 신중한 임상적 판단이 요구된다. 그럼에도 나딘의 경우는 이 두 상태가 동반이환된 것으로 보인다. 따라서 이러한 불안 증상들이 비정신과적 의학적 상태 또는 치료약물이나 물질 사용에 의한 것일 수 있는 가능성을 탐색해 보는 것이 중요하다. 그렇지만 나딘의 사례에서는 이러한 것들 중 어떤 것도 포함되지 않은 것으로 보인다.

나딘이 겪었던 일종의 청소년기 트라우마를 평가하는 경우, 다른 학생들이 가해자라 하더라도 교사와 학교 행정가들은 학교 장면의 역동을 잘못 파악해서 오히려 문제를 확대시킬 수 있다는 점을 상기할 필요가 있다. 이러한 가능성은 나딘의 사례에서 그대로 드러나는 것 같다. 추가로, 나딘의 부모는 나딘의 대학 입학에 대해 관심을 갖게 되면서 딸아이의 절박한 상황을 알게 된 것 같다.

임상가는 나딘이 아동기 초기부터 '마음이 불편해서' 어머니를 피해 온 점과 나딘의 어머니가 목소리가 크고 폭발적인 성격을 가진 여성이라는 사실을 인식할 필요가 있다. 이처럼 빈약한 모녀관계는 나딘의 수줍음 형성에 중요한 역할을 한 것으로 보인다. 예를 들어, 어머니의 폭발하기 쉬운 성미에 대한 두려움은 나딘으로 하여금 안전하지 않다는 느낌을 지속적으로 갖게 했을 것이다. 또한 나딘이 적절하게 주장적인 태도를 형성하는 데 걸림돌이 되었을 것이다. 정신의학적 평가에서는 나딘이 또래들의 집단 괴롭힘으로부터 자신을 보호하지 못한 것은 목소리가 크고 무서운 어머니처럼 되지 않으려는 그녀의 강한 욕구와의 관련성에 대해 논의해 보아야 할 것이다.

읽을거리

Walkup JT, Albano AM, Piacentini J, et al: Cognitive behavioral therapy, sertraline, or a combination in childhood anxiety. N Engl J Med 359(26):2753–2766, 2008

사례 4: 비행공포
Flying Fears

Katharina Meyerbröker, Ph.D.

올라프 헨드릭스Olaf Hendricks(51세, 남)는 사업가로, 항공편으로 여행할 수 없어 외래환자 정신과 전문의를 찾았다. 헨드릭스 씨는 외동딸이 출산하여, 그의 첫 손녀를 만나 보고 싶어 했다. 그렇지만 비행기로 대서양을 가로질러 딸이 살고 있는 곳으로 날아갈 수 없음을 안타까워했다.

고공비행에 대한 환자의 불안감은 3년 전 눈보라를 뚫고 착륙한 항공기에 타고 있었을 때부터 시작되었다. 그가 가장 최근에 항공기로 여행한 것은 2년 전으로, 당시 그는 항공기가 이착륙할 때 극도의 공포심으로 울기까지 했다고 한다. 또 평가받기 1년 전, 그는 딸의 결혼식에 참석하기 위해 아내와 함께 공항으로 나간 적이 있다. 작심하고 많은 양의 술을 마셨음에도 불구하고, 헨드릭스 씨는 겁에 질린 채 항공기 탑승을 거부했다. 이러한 시도가 수포로 돌아간 이후, 그는 항공기 여행만 떠올려도 심한 불안을 느끼게 되었다. 또한 불안으로 인해 업무에 지장까지 초래하여 승진에서 탈락되었고, 더 이상 외부 업무를 담당할 수 없게 되었다. 이 2가지 업무에 모두 출장이 포함되어 있기 때문이었다.

헨드릭스 씨는 자신의 한계를 깨닫게 된 이래 슬픔과 자괴감이 들었다고 했다. 그러나 우울증과 관련된 다른 자율신경계 증상은 없다고 했다. 그는 이 문제를 '풀기' 위해 밤마다 와인 3잔을 마실 정도로 주량을 늘렸다. 헨드릭스 씨는 이전에 알코올 합병증 또는 금단 증상이 없었을 뿐 아니라 정신과 문제가 있었던 가족도 없었다고 했다. 그는 동료들이 자신을 수백 명 앞에서도 '쉽게' 연설할 수 있는 힘 있고 성공한 사업가로 본다는 사실을 예로 들면서, 다른 상황에서는 불안을 겪지 않는다고 했다. 구체적인 질문에 대해 그는 어려서 야생동물의 공격을 받을 뻔했을 때 '겁에 질렸던' 적이 있다고 답했다. 이로 인해 그는 가족 캠핑이나 장거리 하이킹을 기피하게 되었다. 어른이 되어서 그는 대도시에 살기 때문에 야생동물로부터 공격받을 염려는 하지 않는다고 했다. 그는 사업상 다른 대도시를 방문해야 할 경우에는 열차를 이용했다.

진단

- 특정공포증, 상황형(항공기 탑승)
- 특정공포증, 동물형

논의

헨드릭스 씨는 꼭 필요한 일이 있어도 항공기에 탑승하지 않을 정도로 비행에 대해 극심한 불안이 있다. 항공기와 공항을 떠올리는 것조차 그에게는 커다란 고통이 되고 있다. 이러한 공포는 지속적이고 현저하게 기능 손상의 원인이 되어 왔다. 따라서 그는 특정공포증 진단범주에 부합된다. DSM-5에는 공포증을 기술하는 명시자들이 제시되어 있다. 헨드릭스 씨의 사례에서 공포의 원인이 되는 자극은 비행하는 것이다. 이는 '상황형situational' 명시자로 부호화될 수 있다. 기타 일반적인 상황적 자극으로는 엘리베이터와 폐쇄된 공간을 들 수 있다.

특정공포증이 있는 사람들 대부분은 한 가지 이상의 대상이나 상황에 대한 공포가 있다. 헨드릭스 씨는 처음에는 다른 불안 경험이 없다고 했지만, 어릴 적 야생동물의 공격으로 극심한 고통을 겪었던 경험에 대해 털어놓았다. 이 경험으로 인해 그는 그 후 캠핑 여행과 하이킹을 가지 않았다. 그는 현재 야생동물을 거의 만날 수 없는 시내 한복판에서 살고 있다. 그러나 DSM-5에 의하면, 공포를 유발하는 자극과 접할 것 같지 않은 경우에도 특정공포증 진단을 내릴 수 있다.

임상적 관점에서 보면, 이러한 공포증을 찾아내는 것은 중요하다. 왜냐하면 회피는 명백한 고통과 기능이상(예, 항공기를 탈 수 없어 가족 방문이 어렵게 되거나 직장에서 최적의 업무수행을 할 수 없음)의 원인이 될 뿐만 아니라 무의식적인 생애 결정(예, 야생동물에 대한 두려움이 도심지를 제외한 지역에 대한 체계적 회피로 이어짐)으로 이어질 수 있기 때문이다. 동물과 상황 외에도, 공포 자극의 다른 범주들은 많다.

이러한 범주로는 자연환경(예, 높은 곳, 폭풍우), 혈액-주사-부상(예, 바늘, 침습성 의학적 절차), 기타 자극물(예, 큰 소리 또는 분장한 캐릭터)이 있다.

특정공포증은 흔히 우울증, 물질사용, 신체 증상, 성격장애뿐 아니라 다른 불안장애와 동반이환된다. 헨드릭스 씨는 알코올 사용이 고통이나 기능이상의 원인이 되고 있다는 사실을 부인하고 있다는 점에서 DSM-5 장애 기준에 부합되지 않는 것 같다. 그러나 후속적 탐색에 의하면, 밤마다 술 마시는 행위는 그의 삶에 있어서 또 다른 문제의 원인을 제공할 수 있다. 만일 비행공포증이 또 다른 장애의 증상(예, 광장공포증의 징후)임이 판명된다면, 그 장애(광장공포증)가 더 정확한 DSM-5 진단이 될 것이다. 그러나 현재 상태로는 헨드릭스 씨에게 매우 고전적인 특정공포증이 있는 것 같다.

읽을거리

Emmelkamp PMG: Specific and social phobias in ICD-11. World Psychiatry 11(suppl 1): 93-98, 2012

LeBeau RT, Glenn D, Liao B, et al: Specific phobia: a review of DSM-IV specific phobia and preliminary recommendations for DSM-V. Depress Anxiety 27(2): 148-167, 2010

Zimmerman M, Dalrymple K, Chelminski I, et al: Recognition of irrationality of phobia and the diagnosis of social anxiety disorder and specific phobia in adults: implications for criteria revision in DSM-5. Depress Anxiety 27(11): 1044-1049, 2010

사례 5: 상습적 과민성
Always on Edge

Ryan E. Lawrence, M.D.
Deborah L. Cabaniss, M.D.

페기 아이작Peggy Isaac(41세, 여)은 행정업무 보조원으로, “저는 늘 신경이 곤두 서 있어요.”라는 호소 내용으로 일차 진료 의사에 의해 외래환자 평가에 의뢰되었다. 그녀는 혼자 살고 있었고, 결혼과 출산 경험은 없었다. 이전에 정신과 전문의를 만나 본 적도 없었다.

아이작 양은 8개월 전까지 오래전부터 알아 온 남자 친구와 동거 중이었다. 그러나 남자 친구가 젊은 여성과 사귀게 되면서 두 사람은 갑작스럽게 헤어졌다. 이 일이 있고 난 후부터 아이작 양은 일상 업무와 직장에서 실수할 가능성에 대해 매우 불안해했다. 또한 평소답지 않게 긴장감과 피로감을 느꼈고, 초점 맞추기를 어려워했다. 게다가 돈에 대해 지나치게 염려한 나머지 절약에 힘쓰다가 결국 주거 환경이 덜 좋은 지역의 저렴한 아파트로 이사했다. 그러면서 끊임없이 직장 동료들과 어머니로부터 안심시켜 주는 말을 듣고 싶어 했다. 그녀는 자신을 도울 수 있는 사람은 아무도 없는 것 같다고 느꼈다. 또한 ‘너무 무거운 짐’에 대해 부담스러워했다.

평가를 받기 3개월 전, 아이작 양은 자신에게 안 좋은 일이 일어날 것만 같았고, 누구에게도 도움을 청할 수 없을 거라는 두려움 때문에 야간에는 외출하지 않게 되었다. 최근 들어서는 주간에도 외출을 피했다. 또한 세 블록 떨어진 야채가게에 걸어가기에는 자신이 너무 ‘노출되어 취약한 상태에 놓여 있다.’는 느낌이 들어서 쇼핑도 삼갔다. 그녀는 음식을 배달시키는 법을 알게 되었다고 하면서, “참, 말도 안 돼요. 솔직히 저한테 끔찍한 일이 일어나고 있는데, 어느 누구도 도우려고 하지 않는 거예요. 그래서 저는 가게에 들어가지 않는 거예요.”라고 말했다. 아파트에 살면서 그녀는 이완된 상태에서 좋은 책과 영화 감상을 즐길 수 있었다.

아이작 양은 "늘 조금은 초조하게 살았다."고 했다. 유치원 시절 내내, 그녀는 어머니가 자신을 떼어 놓고 가려고 하면 달래기 힘들 정도로 울곤 했다. 부모가 이혼한 10세 때, 그녀는 '내가 너무 어머니에게 들러붙어 떨어지지 않으려고' 해서 상담을 받은 적이 있다고 했다. 그녀는 혼자 있는 것을 좋아하지 않아서 16세 이후부터는 줄곧(때로 겹쳐서) 남자 친구들을 사귀었다는 말을 덧붙였다. 그녀는 "혼자라는 사실이 싫었고, 제가 예뻐서 오랫동안 홀로 지낸 적이 없어요."라고 말했다. 그녀는 최근에 남자 친구와 헤어질 때까지 자신은 늘 '아무 이상 없다'고 생각했다. 직장생활도 잘하고 있었고, 매일 조깅을 했으며, 친구들과도 탄탄한 유대관계를 맺고 있었고, "실제로 아무런 불만"도 없었다.

초기 면담에서 아이작 양은 남자 친구가 그녀의 곁을 떠난 이후 몇 주 동안 너무 슬펐다고 했다. 그렇지만 무가치감, 죄책감, 무망감, 무쾌감증anhedonia 또는 자살하고 싶은 느낌이 든 적은 없었다고 했다. 그녀는 체중 변화도 없고, 잠도 잘 자며, 정신운동성 변화도 없다고 했다. 벡 불안검사Beck Anxiety Inventory(BAI)에서 28점(고도의 불안상태를 가리킴)을 받은 그녀는 자신이 심각한 불안증을 겪고 있다고 했다.

진단

- 범불안장애

논의

아이작 양은 남자 친구와 헤어진 이후 8개월 동안 초조해하고, 쉽게 피곤해했으며, 지나치게 걱정이 많았다. 그녀는 초점을 맞추기 어려워했다. 그녀의 걱정은 고통과 기능이상의 원인이 되고 있고, 반복적으로 자신을 안심시켜 주는 말에 갈급해하는 상황으로 이어지고 있다. 게다가 이러한 증상들의 일부는 우울장애의 원인을 제공하고 있을 수 있지만, 주요우울증의 다른 증상들 대부분이 결여되어 있다. 따라서 아이작 양은 DSM-5의 범불안장애generalized anxiety disorder(GAD) 기준에 부합된다.

아이작 양은 자신의 아파트를 떠나는 것과 근처의 슈퍼마켓에 들어가는 것에 대해 급격하게 강한 불안을 느껴 왔다. 이러한 증상들로 볼 때, 아이작 양은 DSM-5의 광장공포증 기준에 부합된다. 이 장애로 진단되려면, 적어도 2가지 서로 다른 상황에 대한 두려움과 회피가 나타나야 한다. 그러나 그녀가 보이고 있는 광장공포증 증상들은 기껏해야 수개월 동안 지속되었다. 이는 DSM-5의 필수요건인 6개월이 채 되지 않는 기간이다. 임상가가 광장공포증 증상들에 의해 임상적 주의가 확실히 요구된다고 생각했는지의 여부에 따라, 아이작 양은 명시되지 않는 불안장애(증상들의 부적절한 지속 기간을 동반한 광장공포증) 진단을 추가로 받게 될 수 있다.

DSM-5 진단을 내리는 것 외에, 아이작 양의 GAD를 촉진시켜 온 요인에 대해 고려해 보는 것이 중요하다. 기분장애나 불안장애가 발병되는 이유는 확실히 알 수는 없지만, 증상 발병과 일치하는 심리사회적 스트레스 요인들을 고려하는 것은 사례개념화, 목표 설정 및 치료에 도움이 된다. 이 사례에서 아이작 양은 동거하던 남자 친구와 헤어져 다른 아파트로 이사하면서 강한 불안 증상이 나타났다. 이 2가지 사건은 그녀의 마음을 몹시 불편하게 했다. "왜 하필 지금?"에 대한 대답의 다음 부분은 스트레스 요인들이 아이작 양의 삶에 있어서 오랫동안 지속되어 온 쟁점들과 어떻게 연결되어 있는지에 대해 생각해 보는 것이다. 그녀는 자신이 '아주 오랫동안 혼자 지내 본 적이 없었다.'고 밝혔다. 또한 아동기에 시작된 혼자 떨어져 있기 힘들어한 과거력에 대해 털어놓았다. 분리에 의해 불안이 유발되는 것은 애착에 문제가 있음을 암시할 수 있다.

성인 애착양식은 개인의 초기 관계와 연결된 것으로 생각된다. 안정된 애착이 형성된 사람들은 다른 사람들과 친밀한 관계를 형성할 수 있을 뿐 아니라 혼자가 되었을 때에도 스스로 마음을 안정시키고 조절할 수 있다. 반면, 불안정한 애착이 형성된 사람들은 사랑하는 사람들에게 밀착될 수 있고, 혼자가 되었을 때에도 자기조절을 할 수 없으며, 자신이 의지하고 있는 사람에 대해 양가감정을 갖게 된다. 이렇게 생각해 본다면, 아이작 양은 어머니와의 초기 관계와 연결된 불안정한 애착양식으로 인해 증상이 발생했다고 가정할 수 있다.

어머니의 이혼 당시, 아이작 양이 '지나치게 달라붙어 있었던' 상황에 대한 어머니의 감정과 지지적이고자 했던 어머니의 노력에 대한 아이작 양의 감정은 이 사례의 단서가 될 수 있다. 아이작 양의 초기 관계와 애정관계를 지속하는 동안 발달된 문제가 될 만한 애착 패턴에 대해 좀 더 탐색해 보는 것이 도움이 될 것이다. 이 패턴들은 치료적 관계에서 재정리될 수 있을 뿐 아니라 치료의 초점이 될 수 있다.

읽을거리

Blanco C, Rubio JM, Wall M, et al: The latent structure and comorbidity patterns of generalized anxiety disorder and major depressive disorder: a national study. Depress Anxiety June 14, 2013 [Epub ahead of print]

Stein DJ, Hollander E, Rothbaum BO (eds): Textbook of Anxiety Disorders, 2nd Edition. Washington, DC, American Psychiatric Publishing, 2009

사례 6: 불안증과 간경변

Anxiety and Cirrhosis

Andrea DiMartini, M.D.
Catherine Crone, M.D.

정신의학 이식연결 서비스psychiatric transplant liaison service에 전화가 걸려 와, 알코올 의존, 꽤 진행된 상태의 간경변cirrhosis, 다른 정신과 병력이 없는 로버트 제닝스Robert Jennings(50세, 남, 기혼, 백인) 씨의 동소 간 이식orthotopic liver transplant에 대한 평가 요청이 있었다. 몇 주 전, 그는 급성 알코올성 간염alcoholic hepatitis으로 입원하여 간질환 말기 진단을 받았다. 그 후 그는 알코올성 간염 치료를 위해 매일 프레드니

솔론prednisolone(***역자 주.** 합성 부신 겉질 호르몬으로, 항알레르기 작용이 강하여 주로 알레르기 질환, 자가면역병 관절염, 각종 염증 치료에 사용되는 스테로이드계 항염증제임) 40mg을 복용하도록 처방받았다. 입원하게 되어서야 그는 자신의 음주행동이 얼마나 심각하게 건강을 해쳐 왔는지 알게 되었고, 급기야 간 이식을 받아야 살 수 있다는 말에 큰 충격을 받았다. 퇴원하자마자, 그는 간 이식 수혜자 명단 등록에 필수적인 중독치료 프로그램에 참여하였다.

외래환자 정신과 진료는 간 이식 팀의 요청에 의한 것이었다. 이 요청은 최근 들어 환자가 점차 과민해지고 불안해하는 등, 이식의 필수요건에 대응하기 어려워하는 것 같다고 환자의 가족들이 우려하게 되면서 이루어졌다. 제닝스 씨의 일차 진료 의사는 최근 그의 불안 감소를 위해 알프라졸람alprazolam 0.5mg을 처방해 주었다. 가족들은 이 약물이 처음에는 도움이 되었으나, 환자가 며칠 지나지 않아 전보다 더 화를 잘 냈고, 무기력해졌으며, 건망증도 더 심해진 것 같았다고 했다.

면담에서 환자는 진단 전 수개월 동안 피곤했고, 피로감 때문에 자신이 근무하는 해운회사에서의 배달업무 능력에 지장을 초래해 왔다고 했다. 진단으로 인해 그는 충격에 빠졌지만, 처음 병원 문을 나설 때만 하더라도 느낌은 '매우 좋았다.'고 했다. 이때만 해도 기력과 안녕감이 눈에 띄게 향상되었다. 그러나 퇴원 후 일주일이 지나자, 그는 불안과 초조감이 들기 시작했다. 집중력이 크게 떨어지고, 잘 자지 못하게 되면서 지속적으로 자신의 건강, 재정, 그리고 가족에 대해 걱정하게 되었다. 게다가 가족과 함께하는 시간도 대폭 줄어들었고, 영화 관람도 더 이상 하지 않는 등 평소에 즐겨 했던 활동을 중단했다.

그는 악몽, 플래시백flashbacks, 회피행동 또는 질주사고racing thoughts는 없다고 했다. 또한 기분 저하, 눈물 어림, 식욕 변화, 무쾌감증anhedonia, 무기력감, 무망감, 자살 경향성 역시 없다고 했다. 그는 때로 알코올 사용에 대해 죄책감이 들고, 자신과 가족에게 영향을 미친다는 사실을 인정했다. 그는 입원한 이후에는 술을 입에 댄 적이 없다고 했다. 그는 중독상담을 받게 된 사실에 대해 분노가 느껴진다고 했다. 또한 필수요건에 대해 간 이식 팀과 언쟁을 벌인 적도 있다. 과거에 그는 삶의 어떤 도전이라도 결코 압도되지 않고 처리할 수 있다고 자부해 왔다. 가족들은 그의 진술이 사실임을 인정했고, 최근 들어 그가 보여 주는 행동은 평소와는 많이 다르다고 했다.

정신상태 검사 당시, 제닝스 씨는 마른 편이었고 피곤해 보였으며 약간 삐딱한 태도를 보이는 남성이었다. 그의 걸음걸이는 정상이었으나 가만히 앉아 있지 못했다. 그는 시선 접촉을 유지했고 적절하게 반응했지만 반복적으로 "무언가 잘못되었어요." "모든 것이 내 머릿속에 있지 않아요."와 같은 말을 했다. 그의 정동은 불안과 초조가 주를 이루었고, 말은 간결했다. 그는 다소 산만해 보였으나, 혼돈confusion · 혼미disorientation 증상은 없다고 했고, 망상이나 환각은 없었다. 사고는 와해 없이 논리적이고 조리 있었으며, 반응 시 지체함이 없었다. 간편 정신상태검사Mini- Mental State Examination(MMSE) 결과, 회상과 7 연속 수serial 7s(***역자 주**. 정신기능상태를 알아보기 위해 100에서 순차적으로 7을 뺀 값을 말하도록 하는 검사) 영역에서 30점 만점에 26점을 받았다. 그는 기호잇기검사Trail Making Tests A형과 B형에서 정상범주에 속하는 점수를 얻었으나, B형에 대한 지시사항을 반복해 달라고 요청했다.

진단

- 알코올사용장애
- 약물로 유발된 불안장애(스테로이드)

논의

제닝스 씨는 수개월간 피로감에 젖어 있었다. 간경변 진단을 받고 치료를 받던 중, 일주일 정도의 다행감 발생 후 불안, 우울, 과민성, 인지 장해, 불면증이 이어졌다. 평가 팀은 제닝스 씨의 정신과적 호소 내용의 원인에 대해 폭넓게 탐색하되, 초기 탐색은 의학적 원인에 초점을 맞추어야 할 것이다. 간질환이 직접적으로 불안을 일으키는 경우는 드물지만, 스테로이드 치료는 흔히 초기에 안녕감을 유발하고, 1~2주 이내에 보다 부정적 또는 불쾌한 기분 장해 또는 불안 장해를 유발하기도 한다.

다른 진단 역시 고려되어야 한다. 예를 들어, 피로, 집중곤란, 즐거운 활동 감소는 주요우울장애의 가능성이 있다. 이러한 증상들 중 일부는 이미 진행된 간염으로 인한 점진적인 신체적 한계로 인한 것일 수 있다. 의학적 질병이 있는 환자들에 대한 우울증 진단을 위해 폭넓고 '포괄적인' 접근을 적용하려면, 증상들이 신체적 문제로 인한 것일 가능성이 높음에도 불구하고, 이 증상들은 DSM-5의 주요우울장애 진단범주 내에서 고려되어야 할 것이다. 그러나 환자의 주요 호소 내용에 대한 후속적인 검토 결과, 지속적인 기분 저하, 눈물이 많아짐, 또는 기타 연관된 우울증 증상들(예, 무쾌감증, 지속적인 불면증, 식욕 변화, 부적절한 죄책감, 또는 재발성 죽음 또는 자살생각)에 있어서는 문제가 없었으므로, 주요우울증은 아닌 것 같다.

범불안장애와 공황장애 등의 불안장애 역시 고려되어야 한다. 환자의 증상은 스테로이드와 관련이 있는 것 같지만, 다른 불안장애들 중 하나로 진단되기에는 증상의 지속 기간이 부족하다. 질병, 치료, 잠재적으로 생명을 위협하는 상황들은 급성 스트레스장애, 적응장애, 외상후 스트레스장애로 이어질 수 있다. 그러나 이 환자는 외상성 장애 기준에 부합되는 것 같지 않다. 더욱이 그는 자신의 진단과 그 후 자신의 기분과 행동에 있어서 변화가 생겼음에도 불구하고, 처음에는 그의 느낌이 좋았다는 사실을 고려할 필요가 있다. 이러한 패턴은 트라우마 진단을 배제하지 않고 단지 그 가능성만 감소시킬 수 있을 것이다.

추가로, 한 가지 더 고려해야 할 중요한 진단 영역은 제닝스 씨의 알코올 의존에 관한 것이다. 술을 끊으려는 초기 단계에 있어서 환자들은 흔히 불안증, 과민성, 우울증 증상을 겪는다. 이러한 증상들은 알코올 재활에 따른 높은 재발률에 기여하고 있다. 생명을 위협하는 질병과 이식이 필요한 상황에서조차 적잖은 수의 사람들의 증상이 재발된다. 이 환자 역시 벤조디아제핀을 복용하였다. 이 약물은 갈망cravings을 일으킬 수 있고, 재발을 촉진한다. 이 환자는 술을 끊었고, 간 이식 대기자 명단에 이름을 올려놓은 상태다. 만일 다시 술을 마시게 된다면, 대기자 명단에서 이름이 삭제될 것이다. 환자의 알코올 사용을 감시하기 위해서는 지속적인 면담과 무작위적인 독소검사를 실시해야 할 것이다.

또한 제닝스 씨의 현재 증상들은 신경인지장애와 관련이 있을 수 있다. 중증 간질환 환자들은 흔히 최소의 간성 뇌병증[minimal epatic encephalopathy], 즉 미묘하지만 신체와 정신 기능에 있어서 중요한 변화가 특징적으로 나타나는 문제를 가지고 있다. 간성 뇌병증(DSM-5의 다른 의학적 상태로 인한 섬망[delirium])과 비교할 때, 최소의 간성 뇌병증은 의식 장해 또는 명시적인 행동 또는 인지기능 변화와 함께 발병되지 않는다. 대신, 환자들에게는 미묘한 피질하부의 인지 손상 또는 더딤과 함께 경미한 성격 변화 또는 과민성, 과도한 피로감이나 졸림과 같은 행동 변화가 나타날 수 있다. 정신운동 속도, 시각적 주의[visual attention], 지각 손상은 전형적으로 MMSE와 같은 기본 검사로는 명확하게 발견해 낼 수 없다. 그러므로 결핍을 밝혀낼 수 있는 특수 정신력 측정 검사가 필수로 요구된다(예, 기호잇기검사 A형과 B형, 숫자 외우기 검사[Digit Span], 손가락 두드림 속도 검사[finger-tapping speed]).

이 사례에서는 최소의 간성 뇌병증 확인이 중요하다. 왜냐하면 이 진단을 받은 환자들은 전형적으로 항우울제나 항불안제로 증상이 사라지지 않으므로, 대신 암모니아 성분을 감소시킨 약물로 치료를 받아야 하기 때문이다. 최소의 간성 뇌병증과 더더진 간성 신진대사가 결합되면, 환자들은 약물 부작용에 더 민감해진다(예, 벤조디아제핀[benzodiazepine], 진정제, 통증완화제, 또는 항콜린제[anticholinergic]로 인한 인지적 더딤 현상).

제닝스 씨의 사례에서, 증상 악화는 벤조디아제핀의 복용결과로 인한 것이었을 것이다. 이러한 환자들은 인지기능을 악화시킬 수 있는 약물 복용을 피할 필요가 있다. 그리고 명시적인 간성 뇌병증의 발달을 지켜보아야 한다. 최소의 간성 뇌병증에 동반되는 인지적 곤란은 자동차 운전과 같은 일상적인 기능과 기술을 손상시킨다고 알려져 있다. 그러므로 이 환자는 자신이 계속해서 운전을 할 수 있는지 또는 운전을 계속해야 하는지에 대해 상담을 받아 볼 필요가 있다(이러한 점은 환자의 배달원으로서의 업무에 대해 시사하는 바가 크다). 알프라졸람 복용을 중단하고 높은 암모니아 수준(만일 나타난다면)에 대해 치료를 받고 나면, 그는 자신의 인지 기초선을 설정하도록 재검사를 받게 될 것이다.

읽을거리

DiMartini A, Crone C, Fireman M, et al: Psychiatric aspects of organ transplantation in critical care. Crit Care Clin 24(4):949–981, 2008

DiMartini A, Dew MA, Crone C: Organ transplanation, in Kaplan & Sadock's Comprehensive Textbook of Psychiatry, 9th Edition, Vol 2. Edited by Sadock B, Sadock VA, Ruiz P. Philadelphia, PA, Lippincott Willams & Wilkins, 2009, pp 2441–2456

Dubovsky AN, Arvikar S, Stern TA, et al: The neuropshchiatric complications of glucocorticoid use: steroid psychosis revisited. Psychosomatics 53(2):103–115, 2012

04

불안장애 DSM-5® 확인문제

01 다음 중 DSM-5의 "불안장애" 장에 포함되는 것은?

A. 강박장애
B. 외상후 스트레스장애
C. 급성 스트레스장애
D. 광장공포증이 있는 공황장애
E. 분리불안장애

02 9세 남자아이가 자신의 방에 부모가 없으면 잠들지 못한다. 잠을 청하는 동안 이 아이는 자주 잠을 깨서는 부모가 아직 있는지 확인한다. 부모 중 한 사람은 보통 아이가 잠들 때까지 아이의 방에 남아 있다. 밤에 혼자 잠이 깨는 경우, 아이는 공포에 질려서 일어나 부모를 찾기 시작한다. 아이는 또한 자신 또는 부모가 해를 입는 악몽을 자주 꾼다고 한다. 그는 때로 이상하게 생긴 사람이 자신의 어둔 방을 들여다보고 있다고 큰 소리로 말한다. 부모가 보통 아침에 잠을 깨면, 아이가 자신의 방바닥에서 자고 있는 모습을 발견하곤 한다. 이들은 언젠가 아이를 친척 집에 맡기고 휴가를 떠나려고 한 적이 있다. 그러나 아이가 미리부터 너무 고통스러워해서 이들은 계획을 모두 취소하고 말았다. 이 사례에 가장 적절한 진단은?

A. 특정공포증
B. 악몽장애
C. 망상장애
D. 분리불안장애
E. 광장공포증

03 다음 중 공황발작의 문화 특이적culture-specific 증상에 해당되는 것은?

A. 비현실감
B. 두통
C. 미칠 것 같은 두려움
D. 숨 가쁨
E. 열감heat sensations

04 다음 중 공황발작이 공황장애와 다른 점을 가장 잘 설명한 것은?

A. 공황발작으로 진단을 확정하는 데는 증상이 거의 요구되지 않는다.

B. 공황발작은 별개로 갑자기 발생하고, 보통 덜 심하게 나타난다.

C. 공황발작은 예외 없이 예기치 못하게 발생한다.

D. 공황발작은 다양한 다른 장애와 함께 발병할 수 있는 증후군이다.

E. 공황발작은 의학적 상태 다음에 발현될 수 없다.

05 다음 중 공황발작이 '예상되는' 것인지 또는 '예기치 못한' 것인지의 여부 결정에 가장 적절한 것은?

A. 조심스러운 임상적 판단

B. 환자가 외적 스트레스와 연관 짓는지의 여부

C. 야간 공황발작 있음 또는 없음

D. 가능한 문화 특이적 증후군 배제

E. 24시간 뇌파계 모니터링

06 50세 남성이 갑자기 예기치 못하게 수분 내에 절정에 다다르는 극심한 공포로 잠을 깬다고 호소한다. 이 시간 동안 그는 호흡곤란, 심계항진, 발한, 그리고 메스꺼움을 느낀다. 그의 의학적 과거력은 고혈압만이 뚜렷한 상태로, 히드로클로로티아지드hydrochlorothiazide(*역자 주. 이뇨제 · 혈압 강하제)로 잘 조절되고 있다. 이러한 증상들의 결과로, 그에게 수면 개시와 연관된 예기불안anticipatory anxiety이 발달되었다. 다음 중 이 환자의 증상에 대해 가장 잘 설명하고 있는 것은?

A. 다른 의학적 상태로 인한 불안장애(고혈압)

B. 물질/약물치료로 유발된 불안장애

C. 공황장애

D. 야경증

E. 공황발작

07 32세 여성이 두통, 빠른 맥박, 메스꺼움, 그리고 숨 가쁨을 동반한 갑작스러운 예기치 못한 극심한 불안 삽화를 호소한다. 삽화가 진행되는 동안 그녀는 곧 죽을 것 같은 공포를 느껴서 수차례 응급의학과를 찾았다. 그때마다 그녀는 의학적으로 아무 이상이 없다는 말을 들었고, 그녀가 안심하는 것은 그때뿐이었다. 그러나 새로운 삽화가 발생하면, 또다시 자신에게 심각한 의학적 문제가 있다고 염려하게 된다. 그녀에게 로라제팜이 한 차례 투여되었다. 그러나 그녀는 진정효과를 싫어해서 그 후로는 이 약을 복용하지 않았다. 그녀는 자신의 발작에 대한 잠재적 원인을 최소화하기 위해 모든 치료약물과 알코올을 삼가고 있다. 다음 중 이 환자의 증상에 대해 가장 잘 설명하고 있는 것은?

A. 공황장애

B. 신체증상장애

C. 다른 의학적 상태로 인한 불안

D. 질병불안장애

E. 특정공포증

08 65세 여성이 신체적으로 건강한 느낌이 듦에도 불구하고 바깥출입을 못한다고 호소한다. 수년 전, 그녀는 쇼핑하는 도중에 넘어졌다. 다친 데는 없었지만, 그 상황에 너무 마음이 상한 그녀는 동반자 없이 집을 나서야 하는 경우에 극도로 긴장하게 되었다. 그녀에게는 동반을 요청할 자녀가 없었고 친구도 거의 없기 때문에, 그녀는 집 밖을 나설 기회가 거의 없다는 사실을 매우 고통스러워하고 있다. 이 사례에 가장 적절한 진단은?

A. 특정공포증, 상황형

B. 사회불안장애(사회공포증)

C. 외상후 스트레스장애

D. 광장공포증

E. 적응장애

09 32세 남성이 홀로 집을 나설 때와 버스에 탑승해 있을 때마다 공황발작을 겪고 있다. 이 발작이 발생할 것에 대한 두려움 때문에 그는 현재 집 떠나는 것을 피하고 있다. 이 사례에 가장 적절한 진단은?

A. 광장공포증이 있는 공황장애

B. 공황발작이 있는 광장공포증

C. 특정공포증, 상황형

D. 2개의 분리된 장애: 공황장애와 광장공포증

E. 망상장애

10 35세 남성이 실직 위기에 놓여 있다. 그 이유는 잦은 장거리 여행을 해야 하고, 과거 1년간 항공기 탑승을 피했기 때문이다. 그로부터 2년 전, 그는 요동치는 항공기를 탑승했던 적이 있다. 실질적인 위험은 없었지만, 그는 조종사가 위험을 최소화했고 항공기는 거의 추락할 뻔했다고 확신했다. 한 달 후, 그는 다시 항공기를 탑승했다. 순조로운 비행이었음에도 불구하고, 비행 중 그는 항공기가 요동칠 거라는 예상이 너무 고통스러운 나머지 공황발작을 경험했다. 그 후로 그는 항공기를 탑승하지 않았다. 이 사례에 가장 적절한 진단은?

A. 광장공포증

B. 급성 스트레스 장애

C. 특정공포증, 상황형

D. 사회불안장애(사회공포증)

E. 공황장애

11 다음 중 혈관미주신경성 실신vasovagal fainting과 가장 연관이 있는 특정공포증 유형은?

A. 동물형

B. 자연환경형

C. 혈액-주사-부상형

D. 상황형

E. 기타(예, 아동의 경우, 큰 소리 또는 분장한 캐릭터)

12 다음 중 특정공포증이 있는 사람들을 가장 정확하게 설명한 것은?

A. 공포증이 있는 평균적인 사람은 오직 한 가지 대상이나 상황에 대해 공포가 있다.

B. 공포의 강도는 보통 아주 경미하다.

C. 10% 미만의 사람은 한 가지 이상의 대상이나 상황에 대해 공포가 있다.

D. 공포는 대상이나 상황과 조우할 때마다 거의 매번 발생한다.

E. 공포의 강도는 대상이나 상황과 조우할 때마다 정확하게 동일하다.

13 특정공포증은 어떤 연령에서도 발병될 수 있지만, 가장 전형적으로 발달되는 시기는?

A. 아동기

B. 청소년기 후기에서 성인기 초기

C. 중년기

D. 노년기

E. 전체 연령

14 다음 중 사회불안장애(사회공포증)에서 개인의 잠재적인 공포 대상은?

A. 사회적 또는 직업적 손상

B. 자해 또는 타해

C. 당혹감

D. 애착 대상으로부터의 분리

E. 무력화 증상

15 7세 남자아이는 학교에서 누군가 자신의 이름을 부르면 고개를 끄덕이기만 하거나 글로 써서 반응한다. 이 아동의 가족은 이 사실을 교사로부터 전해 듣고는 놀란다. 왜냐하면 이 남자아이는 집에서 부모와는 정상적으로 말을 하기 때문이다. 그동안 이 아동은 적절한 발달이정표를 성취해 왔고, 의학적 평가 결과 역시 건강한 것으로 나타났다. 이 아이는 자신의 행동에 대해 잘 설명하지 못한다. 그의 부모는 이것이 그의 학교 수행에 영향을 미칠 것을 염려하고 있다. 이 아동의 증상에 가장 적절한 진단은?

A. 분리불안장애

B. 자폐스펙트럼장애

C. 광장공포증

D. 선택적 함구증

E. 의사소통장애

16 다음 중 사회불안장애(사회공포증)의 규범적 수줍음[normative shyness]과의 차이점은?

A. 사회적 또는 직업적 기능이상

B. 뚜렷한 사회적 과묵성

C. 사회적 상황의 회피

D. 비현실감 또는 이인증

E. 좋지 않은 병식을 동반한 전반적인 사회적 결함

17 다음 중 초조감이나 흥분감 외에 범불안장애가 있는 사람들이 경험할 가능성이 매우 높은 증상은?

A. 공황발작

B. 강박사고

C. 근긴장

D. 다수의 신체적 증상 호소

E. 사회적 불안

18 다음 중 특히 범불안장애가 있는 아동에게서 흔히 나타나는 특징은?

A. 신체적 아픔과 통증 호소

B. 과도한 활동 준비

C. 불안을 일으킬 수 있는 활동 회피

D. 타인으로부터의 잦은 확신 추구

E. 활동 전 지연 또는 연기

19 연령 집단에 따른 범불안장애의 임상적 발현에 있어서의 일차적인 차이점은?

A. 걱정 내용

B. 걱정 수준

C. 동반이환 패턴

D. 인지 손상 vs. 신체 증상의 우세

E. 손상의 심각도

20 범불안장애에서 남성과 여성이 공통적으로 현격한 차이가 나는 측면은?

A. 경과

B. 증상 프로파일

C. 손상 정도

D. 동반이환 패턴

E. 발병 연령

21 다음 중 범불안장애 진단을 충족시키는 불안보다 더 병리적이지 않은 불안을 가리키는 것은?

A. 심각하게 기능을 저해하는 불안과 걱정

B. 수개월에서 수년간 지속되는 불안과 걱정

C. 명백한 촉진요인으로 인한 불안과 걱정

D. 폭넓은 생활환경에 초점을 맞춘 불안과 걱정

E. 신체적 증상이 동반된 불안과 걱정

22 26세 된 남성이 갑작스럽고 심한 공황 상태에 빠지게 되면서 응급의학과에 의뢰되었다. 그는 공황장애 과거력은 없지만, 그날 증상 발생에 앞서 처방전 없이 살 수 있는 감기약 몇 알을 복용하고 있다고 한다. 만일 이 사례에서 발현된다면, 다음 중 물질/약물치료로 유발된 불안장애 진단을 확정하는 데 도움이 될 만한 임상적 특징에 해당되는 것은?

A. 경도 및 기능을 손상시키지 않는 증상
B. 물질/치료약물 사용 후 오랜 시간 동안 지속된 증상
C. 물질/약물치료로 기대되는 정도를 초과할 정도의 증상
D. 섬망 또는 총체적 혼돈 발현
E. 불안장애의 과거력 또는 공황 증상의 결여

23 다음 중 전날에 벤조디아제핀 복용을 중단한 사람에게 물질/약물치료로 유발된 불안장애로 진단하기에 적절한 상황은?

A. 심각한 불안 증상들이 발현된다.
B. 명확하게 금단 상태와 관련 있는 불안증이 발현된다.
C. 독립적인 임상적 주의가 필요할 만큼 충분히 심각한 불안증이 발현된다.
D. 섬망이 발생하는 동안에 한해서 불안증이 발현된다.
E. 위의 보기 모두 틀림: 불안장애 진단을 물질금단 진단으로 대체해야 한다.

24 60세 남성이 울혈성 심부전[congestive heart failure]으로 진단되었다. 그는 극도로 불안해하고 있고 숨을 쉴 수 없을 것 같은 느낌을 호소한다. 이 증상이 공황의 원인이 되고 있다. 다음 중 이 사례에서 불안 동반 적응장애보다 다른 의학적 상태로 인한 불안장애 진단을 지원하는 경향이 있는 특징은?

A. 환자가 자신의 진단을 알게 되어 안심이 된다고 말한다.
B. 환자는 불안과 연관된 신체적 증상을 가지고 있지 않다.
C. 환자는 자신에게 심장장애가 발병한 이유에 대해 초점을 맞추고 있다.
D. 환자가 정신착란을 일으키고 있다.
E. 환자는 자신이 직장으로 되돌아갈 수 없을 것에 대해 극도로 염려하고 있다.

05

불안장애

DSM-5®
확인문제 정답

01 다음 중 DSM-5의 "불안장애" 장에 포함되는 것은?

A. 강박장애
B. 외상후 스트레스장애
C. 급성 스트레스 장애
D. 광장공포증이 있는 공황장애
E. 분리불안장애

정답 E. 분리불안장애

해설 이전 판과 비교할 때, DSM-5의 "불안장애" 장에서는 많은 내용이 추가·삭제되었다. DSM-IV에서 유아기, 아동기, 또는 청소년기에 보통 처음 진단되는 장애로 분류된 여러 불안장애가 이제는 DSM-5의 불안장애군에 속해 있다. 여기에는 분리불안장애와 선택적 함구증이 포함되어 있다. DSM-IV의 "불안장애" 장에 있던 몇몇 장애(강박장애, 외상후 스트레스장애, 급성 스트레스장애)는 DSM-5에서는 다른 장으로 옮겨졌다. 이러한 재편성은 이 장애들이 불안 증상의 발현만 가지고는 충분히 설명되지 않는 별개의 장애라고 결론지은 과학적 검토에 의해 이루어진 것이었다. DSM-5에서 광장공포증은 별개의 장애로서 공황장애로부터 분리되었다. 이 2가지 장애가 동반이환되는 경우에는 공황발작 명시자로 나타낸다.

머리말 (pp. 8-12)

02 9세 남자아이가 자신의 방에 부모가 없으면 잠들지 못한다. 잠을 청하는 동안 이 아이는 자주 잠을 깨서는 부모가 아직 있는지 확인한다. 부모 중 한 사람은 보통 아이가 잠들 때까지 아이의 방에 남아 있다. 밤에 혼자 잠이 깨는 경우, 아이는 공포에 질려서 일어나 부모를 찾기 시작한다. 아이는 또한 자신 또는 부모가 해를 입는 악몽을 자주 꾼다고 한다. 그는 때로 이상하게 생긴 사람이 자신의 어둔 방을 들여다보고 있다고 큰 소리로 말한다. 부모가 보통 아침에 잠을 깨면, 아이가 자신의 방바닥에서 자고 있는 모습을 발견하곤 한다. 이들은 언젠가 아이를 친척 집에 맡기고 휴가를 떠나려고 한 적이 있다. 그러나 아이가 미리부터 너무 고통스러워해서 이들은 계획을 모두 취소하고 말았다. 이 사례에 가장 적절한 진단은?

A. 특정공포증
B. 악몽장애

C. 망상장애

D. 분리불안장애

E. 광장공포증

정답 D. 분리불안장애

해설 분리불안장애의 필수적인 특징은 개인의 발달단계에서 기대되는 것 이상으로 집 또는 애착인물들로부터 분리되는 것에 대한 과도한 불안이다. 정의에 의하면, 이 증상은 18세 이전에 처음으로 발현되지만, 성인기까지 이어질 수 있다. 전형적인 증거로는 집 떠나기를 꺼림 또는 부모 없이 방에 머무르기조차 꺼림이 포함된다. 후자의 경우, 아동은 흔히 취침시간에 어려움을 겪게 되고, 부모가 자신과 함께 있어 줄 것을 고집한다. 이들은 흔히 사랑하는 사람과 함께하지 못하게 될 수 있는 상해 또는 뜻밖의 사건에 대한 공포를 표출한다. 또한 특히 밤중 또는 어둠 속에서 특이한 지각 경험뿐 아니라, 이러한 공포에 대한 악몽을 꾸기도 한다. 보기에 제시되어 있는 다른 장애들은 배제되어야 하지만, 이 아동은 자신이 홀로 남겨질 것에 대한 공포에 대해 초점을 맞추고 있다는 점에서 분리불안장애가 가장 가능성이 높은 진단이다.

분리불안장애 / 진단적 특징 (pp. 21-22)

03 다음 중 공황발작의 문화 특이적[culture-specific] 증상에 해당되는 것은?

A. 비현실감

B. 두통

C. 미칠 것 같은 두려움

D. 숨 가쁨

E. 열감[heat sensations]

정답 B. 두통

해설 보기에 제시된 모든 증상은 공황발작의 일부로 발생할 수 있는 것들이다. 문화 특이적 증상들(예, 이명[tinnitus], 목 쓰림, 두통, 그리고 통제할 수 없는 비명 또는 울음)이 나타날 수 있지만, 이 증상들은 4가지 필수요건 중의 하나로 간주되어서는 안 된다. 13가지 증상마다의 빈도수는 문화권에 따라 다르다(예, 감각이상[paresthesias]은 아프리카계 미국인들 사이에서, 현기증은 몇몇 아시아계 집단에서 발병률이 높음). 문화적 증후군은 또한 문화권에 따른 공황발작의 발현에 영향을 미친다. 그 결과, 문화권에 따라서 다른 증상 프로파일이 나타난다. 예로는 캄보디아의 문화적 증후군인 키알[khyâl](바람)발작(현기증, 이명, 목 쓰림 등의 증상이 특징)과 베트남의 문화적 증후군인 트룽기오trúng gió(바람 관련) 발작(두통과 연관됨)이 있다

공황발작 명시자 / 문화와 관련된 진단적 쟁점 (pp. 64-65)

04 다음 중 공황발작이 공황장애와 다른 점을 가장 잘 설명한 것은?

A. 공황발작으로 진단을 확정하는 데는 증상이 거의 요구되지 않는다.
B. 공황발작은 별개로 갑자기 발생하고, 보통 덜 심하게 나타난다.
C. 공황발작은 예외 없이 예기치 못하게 발생한다.
D. 공황발작은 다양한 다른 장애와 함께 발병할 수 있는 증후군이다.
E. 공황발작은 의학적 상태 다음에 발현될 수 없다.

정답 D. 공황발작은 다양한 다른 장애와 함께 발병할 수 있는 증후군이다.

해설 공황발작은 극심한 공포나 고통이 갑작스럽게 발생하여 수분 이내에 그 정도가 정점에 이르며, 신체적 · 인지적 증상도 동반한다. 공황발작은 예상되는expected 경우(예, 전형적으로 공포스러운 대상이나 상황에 대한 반응으로) 또는 예기치 못한unexpected 경우(공황발작이 뚜렷한 이유 없이 발생한다는 의미)가 있다. DSM-5에서는 공황발작을 확인할 목적으로 증상들을 정의하지만, 공황발작은 정신장애가 아니어서 부호화될 수는 없다. 공황발작은 다른 정신장애(예, 우울장애, 외상후 스트레스장애, 물질사용장애)와 몇몇 의학적 상태(예, 심장성, 호흡기성, 전정기관성, 소화기관성)뿐 아니라, 다른 불안장애의 맥락에서도 발생할 수 있다. 공황발작의 발현이 확인되는 경우, 명시자로 기재되어야 한다(예, "공황발작 동반 외상후 스트레스장애"). 공황장애의 경우, 공황발작의 발현은 이 장애의 진단범주에 포함되어 있고, 공황발작은 명시자로 사용되지 않는다.

머리말 (pp. 8-12); 공황발작 명시자 /명시자 설명 (pp. 60-61); 특징 (pp. 61-62)

05 다음 중 공황발작이 '예상되는' 것인지 또는 '예기치 못한' 것인지의 여부 결정에 가장 적절한 것은?

A. 조심스러운 임상적 판단
B. 환자가 외적 스트레스와 연관 짓는지의 여부
C. 야간 공황발작 있음 또는 없음

D. 가능한 문화 특이적 증후군 배제

E. 24시간 뇌파계 모니터링

정답 A. 조심스러운 임상적 판단

해설 공황발작이 예상되는지의 여부를 결정하기는 어려울 수 있다(예, 몇몇 외적 고통 또는 상황에 의해 촉발되기 때문). 환자들(특히 노년층 사람들)은 공황발작이 예기치 못한 상황에서 발생했더라도 이를 후향적으로 특정한 고통스러운 상황의 탓으로 돌릴 수 있다. 검사실 검사로 다른 잠재적인 의학적 원인을 배제할 수 있다. 이질적 작용기제가 있는 물질들(예, 젖산나트륨sodium lactate, 카페인, 이소프로테레놀isoproterenol, 요힘빈yohimbine[*역자 주. 최음제로 쓰이기도 했던 독성 알칼로이드], 이산화탄소carbon dioxide, 또는 콜레시스토키닌cholecystokinin[*역자 주. 십이지장의 점막에서 추출되는 소화 호르몬])은 건강한 통제집단의 피험자들에 비해 공황장애가 있는 사람들에게서 더 큰 정도까지 공황발작을 일으킨다(일부 사례에서는 다른 불안장애, 우울장애, 또는 양극성장애가 있는 사람들보다도 더 큰 정도였음). 공황장애가 있는 사람들의 비율에 있어서 공황발작은 과민성 척수 이산화탄소 탐지기와 관련이 있다. 이는 탄산가스 감소와 다른 호흡이상으로 이어진다. 그러나 이러한 검사실 검사결과들 중 공황장애 진단과 연관된 것은 없다. 결정적인 검사도 없다는 점에서 결국 진단은 발작으로 이어지는 일련의 연속적 사건, 촉발 요인의 유무에 대한 환자 자신의 감각, 그리고 원인 결정에 영향을 미칠 수 있는 잠재적인 문화적 요인들을 고려한 임상적 판단을 기초로 내려져야 한다.

공황발작 명시자 / 특징 (pp. 61–62)

06 50세 남성이 갑자기 예기치 못하게 수분 내에 절정에 다다르는 극심한 공포로 잠을 깬다고 호소한다. 이 시간 동안 그는 호흡곤란, 심계항진, 발한, 그리고 메스꺼움을 느낀다. 그의 의학적 과거력은 고혈압만이 뚜렷한 상태로, 히드로클로로티아지드hydrochlorothiazide(*역자 주. 이뇨제 · 혈압 강하제)로 잘 조절되고 있다. 이러한 증상들의 결과로, 그에게 수면 개시와 연관된 예기불안anticipatory anxiety이 발달되었다. 다음 중 이 환자의 증상에 대해 가장 잘 설명하고 있는 것은?

A. 다른 의학적 상태로 인한 불안장애(고혈압)

B. 물질/약물치료로 유발된 불안장애

C. 공황장애

D. 야경증

E. 공황발작

정답 C. 공황장애

해설 공황장애에는 재발성, 예기치 못한 공황발작이 포함된다. 공황발작은 장애가 아닌 증후군으로, 다양한 장애와 함께 발병할 수 있다. 다른 의학적 상태, 물질관련장애, 그리고 기타 정신병적 장애들은 배제되어야 한다. 이 사례에서 환자는 고혈압을 잘 통제하고 있고, 이뇨제 사용이 발작의 원인이 될 가능성은 없다. 수면과 연관된 야간 공황발작은 예기치 못한 공황발작의 예다. 수면관련장애가 배제되어야 하지만, 이러한 고전적인 증거를 통해 공황장애가 가장 가능성이 높은 설명이 될 수 있다.

공황장애 / 진단기준; 진단적 특징 (pp. 50–53)

07 32세 여성이 두통, 빠른 맥박, 메스꺼움, 그리고 숨가쁨을 동반한 갑작스러운 예기치 못한 극심한 불안 삽화를 호소한다. 삽화가 진행되는 동안 그녀는 곧 죽을 것 같은 공포를 느껴서 수차례 응급의학과를 찾았다. 그때마다 그녀는 의학적으로 아무 이상이 없다는 말을 들었고, 그녀가 안심하는 것은 그때뿐이었다. 그러나 새로운 삽화가 발생하면, 또다시 자신에게 심각한 의학적 문제가 있다고 염려하게 된다. 그녀에게 로라제팜이 한 차례 투여되었다. 그러나 그녀는 진정효과를 싫어해서 그 후로는 이 약을 복용하지 않았다. 그녀는 자신의 발작에 대한 잠재적 원인을 최소화하기 위해 모든 치료약물과 알코올을 삼가고 있다. 다음 중 이 환자의 증상에 대해 가장 잘 설명하고 있는 것은?

A. 공황장애

B. 신체증상장애

C. 다른 의학적 상태로 인한 불안

D. 질병불안장애

E. 특정공포증

정답 A. 공황장애

해설 의학적 장애가 없는 상태에서 갑작스럽고 예기치 못한 공황발작의 발현은 공황장애의 주요 특징이다. 발작에 대한 걱정 외에, 많은 사람들은 건강과 정신건강의 결과에 대해 폭넓은 염려를 호소한다. 이에 대한 설명과 증상 탐색에 있어서 이들은 주요 질병에 걸리는 것에 대해 걱정한다. 이는 공황발작에 대한 염려가 이들의 극적이고 설명되지 않는 증상들에 대한 합리적인 관심처럼 보이는 것에서 파생된다는 점에서 질병불안장애와 다르다. 공황발작이 있는 환자들은 질병불안장애(또는 DSM-IV의 건강염려증)의 전형적인 특징인 두려운 질병에 걸릴 것에 대해 집착을 보이지 않는다. 특정공포증은 특정 촉발요인에 집중되는 불안을 말한다.

공황장애 / 감별진단 (pp. 58-59)

08 65세 여성이 신체적으로 건강한 느낌이 듦에도 불구하고 바깥출입을 못한다고 호소한다. 수년 전, 그녀는 쇼핑하는 도중에 넘어졌다. 다친 데는 없었지만, 그 상황에 너무 마음이 상한 그녀는 동반자 없이 집을 나서야 하는 경우에 극도로 긴장하게 되었다. 그녀에게는 동반을 요청할 자녀가 없었고 친구도 거의 없기 때문에, 그녀는 집 밖을 나설 기회가 거의 없다는 사실을 매우 고통스러워하고 있다. 이 사례에 가장 적절한 진단은?

A. 특정공포증, 상황형

B. 사회불안장애(사회공포증)

C. 외상후 스트레스장애

D. 광장공포증

E. 적응장애

정답 D. 광장공포증

해설 광장공포증의 필수적인 특징은 벗어나거나 도움을 받을 수 없을 것 같은 다양한 상황(예, 대중교통 사용, 개방 공간 또는 공공장소 가기)에 실제 또는 예기된 노출로 촉발된 뚜렷한 공포나 불안이다. DSM-IV에서는 광장공포증을 공황장애의 양상으로 간주했다. 그리고 사람들은 흔히 두려운 상황에서 공황발작이 나타날 것에 대한 두려움을 호소한다. 그러나 낙상이나 실금에 대한 공포를 포함해서 유사 공포의 원인이 될 수 있는 기타 무력화시키는 상황들이 있다. 이 장애는 사회불안장애(사회공포증)와 특정공포증, 상황형 같은 다른 공포증과 아주 유사할 수 있다. 그러나 공포의 초점은 상황 자체가 아니라 그 상황이 진행되는 동안 무력화시키는 사건이 발생할 수 있다는 공포다. 광장공포증에는 외상후 스트레스장애와 연관된 증상군은 없다. 광장공포증은 단순히 독특한 고통 상황에 잘 적응하지 못하는 상태를 나타내는 것이 아니다.

광장공포증 / 진단기준; 진단적 특징 (pp. 67-69)

09 32세 남성이 홀로 집을 나설 때와 버스에 탑승해 있을 때마다 공황발작을 겪고 있다. 이 발작이 발생할 것에 대한 두려움 때문에 그는 현재 집 떠나는 것을 피하고 있다. 이 사례에 가장 적절한 진단은?

A. 광장공포증이 있는 공황장애

B. 공황발작이 있는 광장공포증

C. 특정공포증, 상황형

D. 2개의 분리된 장애: 공황장애와 광장공포증

E. 망상장애

정답 D. 2개의 분리된 장애: 공황장애와 광장공포증

해설 이 남성은 공황발작뿐 아니라 공황장애와 광장공포증이 있다. DSM-IV에서는 공황과 광장공포증의 동반 발병이 공황발작의 아형으로 간주되었다. 반면, 공황이 있는 광장공포증과 공황이 없는 광장공포증은 현재 분리된 진단으로, 공황발작의 발현은 명시자로 나타낼 수 있다. 특정공포증에 있어서 공포는 공황발작의 가능성보다는 상황 자체가 될 것이다.

광장공포증 / 진단기준 / 진단적 특징 (pp. 67-69)

10 35세 남성이 실직 위기에 놓여 있다. 그 이유는 잦은 장거리 여행을 해야 하고, 과거 1년간 항공기 탑승을 피했기 때문이다. 그로부터 2년 전, 그는 요동치는 항공기를 탑승했던 적이 있다. 실질적인 위험은 없었지만, 그는 조종사가 위험을 최소화했고 항공기는 거의 추락할 뻔했다고 확신했다. 한 달 후, 그는 다시 항공기를 탑승했다. 순조로운 비행이었음에도 불구하고, 비행 중 그는 항공기가 요동칠 거라는 예상이 너무 고통스러운 나머지 공황발작을 경험했다. 그 후로 그는 항공기를 탑승하지 않았다. 이 사례에 가장 적절한 진단은?

A. 광장공포증

B. 급성 스트레스장애

C. 특정공포증, 상황형

D. 사회불안장애(사회공포증)

E. 공황장애

정답 C. 특정공포증, 상황형

해설 특정공포증은 위험한 것으로 지각되는 특정 대상이나 상황에 대한 뚜렷한 공포나 불안이 특징이다. 이는 불안의 초점이 공황 또는 다른 무력화 증상이 있을 가능성에 맞추어진다는 점에서 광장공포증과는 다르다. 또한 초점이 다른 사람들에 의해 면밀히 관찰당하는 것에 맞춰진다는 점에서 사회불안장애와 다르다. 외상 관련 장애가 감별진단에서 고려되어야 한다. 그러나 실질적인 위험이 없다는 점에서 이 장애로 진단될 가능성은 없다. 그리고 시간 경과는 급성 스트레스장애의 진단범주에 부합되지 않는다. 이 남성은 공황발작을 경험했지만, 특정공포증을 비롯한 많은 장애의 환자들도 이러한 발작을 경험할 수 있다. 공황장애는 발작이 예기치 못하게 발생하고 다른 장애로 달리 설명되지 않는 경우에 한해서 진단되어야 한다.

특정공포증 / 진단기준; 진단적 특징 (pp. 31-34)

11 다음 중 혈관미주신경성 실신vasovagal fainting과 가장 연관이 있는 특정공포증 유형은?

A. 동물형

B. 자연환경형

C. 혈액-주사-부상형

D. 상황형

E. 기타(예, 아동의 경우, 큰 소리 또는 분장한 캐릭터)

정답 C. 혈액-주사-부상형

해설 대부분의 공포증이 교감신경계 각성 프로파일을 보이는 반면, 혈액-주사-부상형 공포증이 있는 사람들은 흔히 단기 심장 박동 및 혈압 상승으로 인한 혈관미주신경성 실신 또는 준실신 상태를 보이다가 급속히 강하된다.

특정공포증 / 진단을 뒷받침하는 부수적 특징 (p. 35)

12 다음 중 특정공포증이 있는 사람들을 가장 정확하게 설명한 것은?

A. 공포증이 있는 평균적인 사람은 오직 한 가지 대상이나 상황에 대해 공포가 있다.

B. 공포의 강도는 보통 아주 경미하다.

C. 10% 미만의 사람은 한 가지 이상의 대상이나 상황에 대해 공포가 있다.

D. 공포는 대상이나 상황과 조우할 때마다 거의 매번 발생한다.
E. 공포의 강도는 대상이나 상황과 조우할 때마다 정확하게 동일하다.

정답 D. 공포는 대상이나 상황과 조우할 때마다 거의 매번 발생한다.

해설 특정공포증의 핵심적인 특징은 공포나 불안이 공포 자극^phobic stimulus^으로 불리는 특정 상황이나 대상의 발현에 국한되어 있다는 점이다(진단기준 A). 공포스러운 상황이나 대상(즉, 공포 자극)의 범주는 진단기준에서 명시자로 제공된다. 많은 사람들은 한 가지 이상의 범주에 해당되는 대상이나 상황을 두려워한다. 특정공포증으로 진단되려면, 반응은 일반 인구에서 흔히 발생하는 정상적인 일과성 공포와 구별되어야 한다. 진단의 범주에 부합되려면, 공포나 불안은 반드시 극심하거나 심각한 정도여야 한다(즉, "뚜렷한^marked^", 진단기준 A). 경험된 공포의 정도는 공포스러운 대상이나 상황에 대한 근접성에 따라 다를 수 있다. 또한 공포는 대상이나 상황의 실제 발현이 예상되거나 실제 대상이나 상황이 실제로 발현될 것이라는 기대 때문에 발생할 수 있다. 그리고 공포나 불안은 완전한 또는 국한된 증상의 공황발작(즉, 예상되는 공황발작)의 형태를 띨 수 있다. 특정공포증의 또 다른 특징은 개인이 공포 자극과 접촉할 때마다 거의 매번 공포나 불안이 유발되는 것이다(진단기준 B). 따라서 간헐적으로 상황이나 대상과 직면하는 경우(예, 5회의 항공기 탑승 중 단 한 차례 홀로 탑승하는 경우에 불안이 야기됨)에 한해서 불안이 야기되는 사람은 특정공포증으로 진단되지 않는다. 그러나 표출된 공포나 불안의 정도는 다른 공포스러운 대상이나 상황과 조우하게 되는 경우에 따라 다를 수 있다(예기된 불안에서 완전한 공황발작까지). 그 이유는 다른 사람들과 함께하는 상황, 노출 기간, 그리고 기타 위협요소(예, 비행공포가 있는 사람들의 경우, 비행 중 난기류 만나기)와 같은 다양한 맥락적 요인이 있기 때문이다.

특정공포증 / 명시자; 진단적 특징 (pp. 32-34)

13 특정공포증은 어떤 연령에서도 발병될 수 있지만, 가장 전형적으로 발달되는 시기는?

A. 아동기
B. 청소년기 후기에서 성인기 초기
C. 중년기
D. 노년기
E. 전체 연령

정답 A. 아동기

해설 특정공포증은 아동기 초기에 발달된다. 사례의 대부분은 10세 이전에 발달된다. 발병 연령의 중앙값은 7~11세 사이이며, 평균 10세다. 상황형 특정공포증은 자연환경형, 동물형, 또는 혈액-주사-부상형 특정공포증에 비해 발병 연령이 늦은 경향이 있다. 아동기와 청소년기에 발달되는 특정공포증은 이 기간에 악화와 완화가 반복되는 경향이 있다. 그러나 성인기까지 지속되는 공포증은 대부분의 사람에게서 관해되지 않는 경향이 있다.

아동이 특정공포증으로 진단되는 경우, 2가지 쟁점이 고려되어야 한다. 첫째, 어린아이는 자신의 공포와 불안을 울음, 분노발작, 얼어붙기, 또는 매달리기로 표출할 수 있다는 점이다. 둘째, 어린아이들은 전형적으로 회피 개념을 이해하지 못하므로, 임상가는 부모, 교사, 또는 아동을 잘 알고 있는 다른 사람들로부터 추가 정보를 수집해야 하는 점이다.

특정공포증 / 발달과 경과 (pp. 35-37)

14 다음 중 사회불안장애(사회공포증)에서 개인의 잠재적인 공포 대상은?

A. 사회적 또는 직업적 손상
B. 자해 또는 타해
C. 당혹감
D. 애착 대상으로부터의 분리
E. 무력화 증상

정답 C. 당혹감

해설 불안장애는 대상과 공포 원인에 있어서 차이가 있다. 사회불안장애의 경우, 개인은 자신이 다른 사람들로부터 면밀히 관찰당한다고 여기는 상황에서 공포나 불안을 경험한다. 이러한 공포는 굴욕감, 당혹감, 또는 다른 사람들에 대한 공격성으로 이어질 수 있다. 반대로, 특정공포증이 있는 사람들은 해로운 대상, 동물, 또는 상황을 두려워한다. 또는 분리불안공포가 있는 사람들은 집 또는 사랑하는 사람들과 떨어지는 것을 두려워한다. 반면, 광장공포증이 있는 사람들은 공포 유사 또는 기타 무력화 증상과 연관된 상황을 피한다. 모든 사례에서 장애는 심각한 사회적 또는 직업적 손상을 초래한다. 그러나 이러한 손상은 공포의 목적이기보다는 결과다.

사회불안장애(사회공포증) / 진단기준 (pp. 40-41)

15 7세 남자아이는 학교에서 누군가 자신의 이름을 부르면 고개를 끄덕이기만 하거나 글로 써서 반응한다. 이 아동의 가족은 이 사실을 교사로부터 전해 듣고는 놀란다. 왜냐하면 이 남자아이는 집에서 부모와는 정상적으로 말을 하기 때문이다. 그동안 이 아동은 적절한 발달이정표를 성취해 왔고, 의학적 평가 결과 역시 건강한 것으로 나타났다. 이 아이는 자신의 행동에 대해 잘 설명하지 못한다. 그의 부모는 이것이 그의 학교 수행에 영향을 미칠 것을 염려하고 있다. 이 아동의 증상에 가장 적절한 진단은?

A. 분리불안장애

B. 자폐스펙트럼장애

C. 광장공포증

D. 선택적 함구증

E. 의사소통장애

정답 D. 선택적 함구증

해설 선택적 함구증이 있는 아이들은 사회적 상호작용에서 다른 사람들과 조우하는 경우, 말을 걸지 않거나 말을 걸어도 반응하지 않는다. 말하기의 결핍은 아동 또는 성인들과의 사회적 상호작용에서 발생한다. 선택적 함구증이 있는 아이들은 직계가족 구성원들이 있는 가정에서는 말을 하지만, 흔히 가까운 친구들 또는 조부모나 사촌 같은 친척들 앞에서조차 말하지 않는다. 이러한 장해는 흔히 높은 사회적 불안으로 나타난다. 선택적 함구증이 있는 아이들은 흔히 학교에서 말하기를 거부하여 교사들이 읽기 같은 기술의 평가에 어려움을 겪게 됨으로써 결국 학업적 또는 교육적 손상으로 이어진다. 이 장애가 있는 아이들은 때로 소통을 위해 말을 하지 않아도 되는 수단이나 비언어적인 수단(예, 중얼거림, 가리킴, 쓰기)을 사용하고, 말을 하지 않아도 되는 경우에는 기꺼이 또는 열심히 수행하게 될 수 있지만(예, 학교 놀이에서 비언어적인 부분), 말을 거의 하지 않기 때문에 사회적 소통에 지장을 초래할 수 있다.

선택적 함구증 / 진단적 특징 (p. 28)

16 다음 중 사회불안장애(사회공포증)의 규범적 수줍음normative shyness과의 차이점은?

A. 사회적 또는 직업적 기능이상

B. 뚜렷한 사회적 과묵성

C. 사회적 상황의 회피

D. 비현실감 또는 이인증

E. 좋지 않은 병식을 동반한 전반적인 사회적 결함

정답 A. 사회적 또는 직업적 기능이상

해설 수줍음shyness(예, 사회적 과묵성social reticence)은 흔한 성격적 특질이고, 그 자체로 병리적인 문제는 아니다. 일부 사회에서 수줍음은 긍정적으로까지 평가된다. 그러나 사회적, 직업적, 그리고 기타 중요한 기능 영역에 심각한 악영향을 미치는 경우에는 사회불안장애 진단이 고려되어야 하고, 사회불안장애의 진단기준에 완전히 부합되는 경우, 이 장애로 진단되어야 한다. 미국 내에서 자신을 수줍어하는 사람이라고 한 소수 집단(12%)만이 사회불안장애의 진단범주에 부합되는 증상들을 가지고 있다.

사회불안장애(사회공포증) / 감별진단 (pp. 47–50)

17 다음 중 초조감이나 흥분감 외에 범불안장애가 있는 사람들이 경험할 가능성이 매우 높은 증상은?

A. 공황발작

B. 강박사고

C. 근긴장

D. 다수의 신체적 증상 호소

E. 사회적 불안

정답 C. 근긴장

해설 범불안장애는 적어도 6개월 이상 지속되어야 하고, 증상이 없는 날보다 증상이 있는 날이 더 많아야 하며, 초조감이나 흥분감 또는 초조감과 근긴장이 발생하는 과도한 불안과 걱정으로 정의된다. 불안은 다른 불안장애로 인한 것이 아니어야 한다. 다른 보기에 제시된 증상들은 감별진단(예, 공황장애[보기 A], 강박장애[보기 B], 신체증상장애[보기 D], 그리고 사회불안장애[사회공포증][보기 E])의 일부가 될 것이다.

범불안장애 / 진단기준 (pp. 74–75)

18 다음 중 특히 범불안장애가 있는 아동에게서 흔히 나타나는 특징은?

A. 신체적 아픔과 통증 호소

B. 과도한 활동 준비

C. 불안을 일으킬 수 있는 활동 회피

D. 타인으로부터의 잦은 확신 추구

E. 활동 전 지연 또는 연기

정답 D. 타인으로부터의 잦은 확신 추구

해설 보기에 제시된 모든 행동은 범불안장애의 전형적인 특징이다. 그러나 다른 사람들(예, 친구, 가족, 개업의)로부터 확신을 얻고자 하는 것은 특히 아이들에게 있어서 흔히 나타나는 현상이다.

범불안장애 / 발달과 경과 (pp. 76-77)

19 연령 집단에 따른 범불안장애의 임상적 발현에 있어서의 일차적인 차이점은?

A. 걱정 내용

B. 걱정 수준

C. 동반이환 패턴

D. 인지 손상 vs. 신체 증상의 우세

E. 손상의 심각도

정답 A. 걱정 내용

해설 범불안장애의 임상적 증거는 비교적 전 생애를 통해서 일정하다. 또한 연령 집단들 사이의 일차적인 차이는 걱정 내용이다. 아동과 청소년들은 학교나 운동 관련 수행에 대해 걱정하는 경향이 있는 데 비해, 성인들은 자신의 건강 또는 가족의 안녕을 더 염려하는 경향이 있다.

범불안장애 / 발달과 경과 (pp. 76-77)

20 범불안장애에서 남성과 여성이 공통적으로 현격한 차이가 나는 측면은?

A. 경과

B. 증상 프로파일
C. 손상 정도
D. 동반이환 패턴
E. 발병 연령

정답 D. 동반이환 패턴

해설 범불안장애가 있는 여성과 남성들은 유사한 증상을 보이는 경향이 있는 반면, 정신장애의 유병률에 있어서 성차와 일치하는 상이한 동반이환 패턴을 보인다.

범불안장애 / 성별과 관련된 진단적 쟁점 (p. 78)

21 다음 중 범불안장애 진단을 충족시키는 불안보다 더 병리적이지 않은 불안을 가리키는 것은?

A. 심각하게 기능을 저해하는 불안과 걱정
B. 수개월에서 수년간 지속되는 불안과 걱정
C. 명백한 촉진요인으로 인한 불안과 걱정
D. 폭넓은 생활환경에 초점을 맞춘 불안과 걱정
E. 신체적 증상이 동반된 불안과 걱정

정답 C. 명백한 촉진요인으로 인한 불안과 걱정

해설 범불안장애와 병리적이지 않은 불안을 구별하는 특징 몇 가지가 있다. 첫째, 범불안장애와 연관된 걱정은 보다 더 광범위하고, 증상이 뚜렷하며, 고통을 초래하고 발병 기간이 더 길고, 흔히 촉발요인 없이 발생한다. 둘째, 범불안장애와 연관된 걱정은 과도하고 전형적으로 심리사회적 기능을 심각하게 저해하는 반면, 일상생활에서의 걱정은 과도하지 않고 보다 잘 관리할 수 있는 것으로 지각되며, 좀 더 위급한 문제가 생기는 경우에는 일시적으로 사라지기도 한다. 걱정하는 환경의 범위가 넓을수록(예, 재정, 자녀의 안전, 직무수행), 범불안장애의 진단범주에 부합될 가능성이 높다. 셋째, 매일매일의 걱정은 신체 증상을 동반하는 경우가 덜하다(예, 좌불안석 또는 낭떠러지 끝에 서 있는 느낌). 범불안장애가 있는 사람들은 지속적인 걱정과 사회적, 직업적, 또는 다른 중요한 기능 영역에서의 걱정과 관련된 손상으로 인한 주관적 고통을 호소한다.

범불안장애 / 진단적 특징 (p. 75)

22 26세 된 남성이 갑작스럽고 심한 공황 상태에 빠지게 되면서 응급의학과에 의뢰되었다. 그는 공황장애 과거력은 없지만, 그날 증상 발생에 앞서 처방전 없이 살 수 있는 감기약 몇 알을 복용하고 있다고 한다. 만일 이 사례에서 발현된다면, 다음 중 물질/약물치료로 유발된 불안장애 진단을 확정하는 데 도움이 될 만한 임상적 특징에 해당되는 것은?

A. 경도 및 기능을 손상시키지 않는 증상

B. 물질/치료약물 사용 후 오랜 시간 동안 지속된 증상

C. 물질/약물치료로 기대되는 정도를 초과할 정도의 증상

D. 섬망 또는 총체적 혼돈 발현

E. 불안장애의 과거력 또는 공황 증상의 결여

정답 E. 불안장애의 과거력 또는 공황 증상의 결여

해설 여러 물질은 잠재적으로 불안 증상의 원인이 될 수 있고, 치료약물의 사용이 병인학적으로 불안 증상의 발병과 관련이 있는지의 여부는 결정하기 어렵다. 물질/약물치료로 유발된 불안장애의 발현을 지원하기 위한 증거에는 일시적인 연합, 그리고 치료약물과 복용량과 일치되는 증상이 포함된다. 정의에 의하면, 물질/약물치료로 유발된 불안장애는 심각한 고통 또는 기능 손상을 초래해야 한다. 그리고 섬망 경과 기간 동안 독자적으로 발생하지 않아야 한다.

물질/약물치료로 유발된 불안장애 / 진단기준; 진단적 특징 (pp. 81-84)

23 다음 중 전날에 벤조디아제핀 복용을 중단한 사람에게 물질/약물치료로 유발된 불안장애로 진단하기에 적절한 상황은?

A. 심각한 불안 증상들이 발현된다.

B. 명확하게 금단 상태와 관련 있는 불안증이 발현된다.

C. 독립적인 임상적 주의가 필요할 만큼 충분히 심각한 불안증이 발현된다.

D. 섬망이 발생하는 동안에 한해서 불안증이 발현된다.

E. 위의 보기 모두 틀림: 불안장애 진단을 물질금단 진단으로 대체해야 한다.

정답 C. 독립적인 임상적 주의가 필요할 만큼 충분히 심각한 불안증이 발현된다.

해설 불안 증상은 흔히 물질 중독과 금단 상태에서 발생한다. 물질 특이적substance-specific 중독 또는 물질 특이적 금단 진단은 보통 증상 발현을 범주화하는 데 충분할 것이다. 물

질/약물치료로 유발된 불안장애 진단은 공황 또는 불안 증상이 임상에서 두드러지고 독립적인 임상적 주의가 필요할 만큼 심각한 경우에 진단되어야 한다.

물질/약물치료로 유발된 불안장애 / 감별진단 (pp. 85–86)

24 60세 남성이 울혈성 심부전congestive heart failure으로 진단되었다. 그는 극도로 불안해하고 있고 숨을 쉴 수 없을 것 같은 느낌을 호소한다. 이 증상이 공황의 원인이 되고 있다. 다음 중 이 사례에서 불안 동반 적응장애보다 다른 의학적 상태로 인한 불안장애 진단을 지원하는 경향이 있는 특징은?

A. 환자가 자신의 진단을 알게 되어 안심이 된다고 말한다.

B. 환자는 불안과 연관된 신체적 증상을 가지고 있지 않다.

C. 환자는 자신에게 심장장애가 발병한 이유에 대해 초점을 맞추고 있다.

D. 환자가 정신착란을 일으키고 있다.

E. 환자는 자신이 직장으로 되돌아갈 수 없을 것에 대해 극도로 염려하고 있다.

정답 A. 환자가 자신의 진단을 알게 되어 안심이 된다고 말한다.

해설 다른 의학적 상태로 인한 불안장애의 필수적인 특징은 다른 의학적 상태의 생리적 효과로 가장 잘 설명되는 것으로 판단되는 임상적으로 심각한 불안이다. 증상으로는 현저한 불안 또는 공황발작이 포함될 수 있다(진단기준 A). 연관된 신체 상태로 가장 잘 설명되는 증상의 판단은 과거력, 신체검진, 또는 검사실 검사 결과로부터의 증거에 기초해야 한다. 심각한 의학적 질병과 동반이환된 불안 증상이 있는 사람들에게 있어서, 다른 의학적 상태로 인한 불안장애는 잠재적 원인이다. 다른 의학적 상태로 인한 불안장애는 적응장애에 비해 불안의 신체적 요소를 가지고 있을 가능성이 더 높다. 다른 의학적 상태로 인한 불안장애는 불안 동반 적응장애 또는 불안과 우울 기분 동반 적응장애와 구별되어야 한다. 적응장애 진단은 사람들이 다른 의학적 상태를 갖게 된 것에 대한 스트레스에 대해 부적응 반응을 경험하는 경우에 내려진다. 스트레스에 대한 반응은 다른 의학적 상태의 생리적 결과로 발생하는 불안 또는 기분 증상의 경험과 비교할 때 보통 스트레스의 의미 또는 결과에 대한 염려다. 적응장애에서 불안 증상은 전형적으로 일반적인 의학적 상태에 대한 스트레스에 대처하는 것과 관련이 있는 반면, 다른 의학적 상태로 인한 불안장애에 있어서 사람들은 현저한 신체 증상을 가지고 있고 질병, 그 자체에 대한 스트레스와는 다른 쟁점에 초점을 맞추고 있을 가능성이 더 높다.

다른 의학적 상태로 인한 불안장애 / 진단적 특징; 감별진단 (pp. 87–91)

찾아보기

역자 소개

■ **강진령**(Jin-ryung Kang, Ph.D. in Counseling Psychology)

미국 인디애나 대학교 상담심리학 석사(M.S.) · 박사(Ph.D.)

미국 일리노이 주립대학교 임상인턴

미국 플로리다 대학교 초빙교수 역임

현재 경희대학교 교수

[주요 저서]

상담연습: 치료적 의사소통 기술(학지사, 2016)

학교상담과 생활지도: 이론과 실제(학지사, 2015)

상담과 심리치료(개정판, 양서원, 2013)

학교 집단상담(학지사, 2012)

집단과정과 기술(학지사, 2012)

집단상담과 치료(학지사, 2012)

집단상담의 실제(2판, 학지사, 2011)

상담자 윤리(공저, 학지사, 2009)

상담심리 용어사전(양서원, 2008) 외 다수

[주요 역서]

DSM-5 임상사례집(학지사, 2016)

APA 논문작성법(원서 6판, 학지사, 2013)

상담 · 심리치료 실습과 수련감독 전략(학지사, 2010)

간편 정신장애진단통계편람/DSM-IV-TR: Mini-D(학지사, 2008) 외 다수

DSM-5 Selections
불안장애
Anxiety Disorders

2017년 2월 10일 1판 1쇄 인쇄
2017년 2월 20일 1판 1쇄 발행

지은이 • APA
옮긴이 • 강진령
펴낸이 • 김진환
펴낸곳 • (주) 학지사
04031 서울특별시 마포구 양화로 15길 20 마인드월드빌딩
대표전화 • 02)330-5114 팩스 • 02)324-2345
등록번호 • 제313-2006-000265호

홈페이지 • http://www.hakjisa.co.kr
페이스북 • https://www.facebook.com/hakjisabook

ISBN 978-89-997-1152-7 94180
978-89-997-1150-3 (set)

정가 16,000원

역자와의 협약으로 인지는 생략합니다.
파본은 구입처에서 교환해 드립니다.

이 도서의 국립중앙도서관 출판시도서목록(CIP)은 서지정보유통지원시스템 홈페이지(http://seoji.nl.go.kr)와 국가자료공동목록시스템(http://www.nl.go.kr/kolisnet)에서 이용하실 수 있습니다.
(CIP 제어번호: CIP2017000934)